AUCASSIN
ET
NICOLETTE

ÉDITION CRITIQUE
DEUXIÈME ÉDITION REVUE ET CORRIGÉE

Chronologie, préface,
bibliographie,
traduction et notes
par
Jean Dufournet

GF-Flammarion

© 1984, FLAMMARION, Paris.
ISBN 2-08-070261-0

On ignore en quelle année a été écrit *Aucassin et Nicolette*, que l'on situe soit dans le dernier quart du XIIe siècle, soit dans la première moitié du XIIIe siècle.

1175-1179, en 1174, *Vie de saint Thomas Becket* de Guernes de Pont-Sainte-Maxence. Entre 1174 et 1179, branches II, va, III, IV, XIV, V, XV et I du *Roman de Renart*[1]. Entre 1176 et 1181, Chrétien de Troyes compose *le Chevalier au lion* et *le Chevalier de la charrette*. De cette période datent le *Tristan* de Thomas, *Ille et Galeron*.

> En 1174, privilèges du pape Clément III aux maîtres et étudiants de Paris; canonisation de saint Bernard; campanile de Pise. En 1175, cathédrale de Cantorbéry. En 1176, l'Asie mineure tombe sous la domination turque. En 1177, Raymond V de Toulouse écrit à l'ordre de Cîteaux pour exposer le péril cathare.

1180-1189, branche X du *Roman de Renart*. Lambert le Tort publie *le Roman d'Alexandre*. Vers 1182, *le Conte du Graal* ou *Perceval* de Chrétien de Troyes. Durant ces années, chansons de Conon de Béthune, du Châtelain de Coucy, de Blondel de Nesle; roman de *Parthonopeus de Blois; Raoul de Cambrai*. Vers 1185, André le Chapelain expose d'une manière méthodique

---

1. Pour connaître le contenu de ces différents récits, voir, dans la même collection, *le Roman de Renart*.

l'art d'aimer courtois dans son *De amore*. En 1188, *Florimont* d'Aimon de Varennes.

> De 1180 à 1223, règne de Philippe Auguste. 1180 : les Vaudois sont condamnés par l'Eglise. Vers cette date, apparition du moulin à vent en Normandie et en Angleterre. En 1183, Frédéric Barberousse reconnaît la liberté des villes lombardes; porche gothique de la Gloire à Saint-Jacques de Compostelle. 1184 : le pont d'Avignon; l'inquisition épiscopale. En 1187, Saladin prend Jérusalem. 1189-1191 : troisième Croisade. 1189-1199 : règne de Richard Cœur de Lion en Angleterre.

1190-1199, en 1190, branches VI, VIII et XII du *Roman de Renart;* entre 1190 et 1195, branches I*a* et I*b* du même roman; Hélinand compose *les Vers de la Mort*, Joachim de Flore parle de la fin du monde dans son *Expositio in Apocalypsim*, le *Tristan* est achevé et paraît *le Jeu d'Adam*. Entre 1195 et 1200, branches VII et XI du *Roman de Renart;* et peut-être *la Prise d'Orange*, *Garin le Lorrain*, sans oublier *la Chanson des Saisnes* de Jean Bodel.

> 1190-1197 : Henri VI empereur. En 1190, fondation des Chevaliers teutoniques. En 1191, les Croisés s'emparent de Saint-Jean-d'Acre. A cette époque, la boussole apparaît en Occident, on rédige en France et en Allemagne les premiers traités de droit féodal, on entreprend la construction des cathédrales de Bourges et de Chartres. En 1196-1197, effroyable famine en Occident; les grands vassaux rédigent les premières chartes d'hommage à Philippe Auguste. 1197 : avènement de Gengis Khan. 1198 : mort d'Averroès. 1198-1216 : pontificat d'Innocent III. 1199-1213 : règne en Angleterre de Jean sans Terre.

1200-1209, du début du siècle datent les branches IX, XVI et XVII du *Roman de Renart*, le *Parzival* de Wolfram von Eschenbach, le *Jeu de saint Nicolas* et les

Congés de Jean Bodel, le *Roman de l'Estoire dou Graal* de Robert de Boron, *Courtois d'Arras, le Tombeur de Notre Dame, Amadas et Ydoine.*

C'est l'époque de la quatrième Croisade : prise de Zara en février 1203 et de Constantinople à deux reprises le 17 juillet 1203 et le 12 avril 1204 ; élection de Baudouin de Flandre comme empereur de Constantinople en mai 1204, défaite des croisés sous Andrinople et capture de l'empereur Baudouin par les Bulgares le 14 avril 1205. En 1202 est commencée la construction de la cathédrale de Rouen. 1204 : Gengis Khan unifie la Mongolie. Philippe Auguste conquiert la Normandie, la Touraine, l'Anjou et le Poitou. En 1207, mission de saint Dominique en pays albigeois. La croisade contre celui-ci va bientôt commencer, en même temps que Gengis Khan s'attaque à la Chine (1209).

1210-1219, après 1207, Robert de Clari et Geoffroy de Villehardouin relatent la conquête de Constantinople. De cette décennie datent *Perlesvaus, le Bel Inconnu* de Renaut de Beaujeu, le *Lai de l'Ombre* et *Galeran de Bretagne* de Jean Renart, le fabliau d'*Auberée,* les *Quatre Fils Aymon; li Fet des Romains.* De 1212 à 1218, Moerbeke traduit Aristote. En 1213, *la Chanson de la croisade albigeoise* de Guillaume de Tudèle. En 1218, Gautier de Coinci commence à écrire le premier livre des *Miracles de Notre Dame.* On continue à ajouter d'autres branches au *Roman de Renart.*

1210 : il est interdit d'enseigner la métaphysique d'Aristote à Paris. 1211 : commence la construction de Notre-Dame de Reims. 1212 : Philippe Auguste fait construire une enceinte autour de Paris. 1214 : victoires françaises de La Roche-aux-moines et de Bouvines. 1215 : en Angleterre, la Grande Charte; à Paris, statuts pour l'Université; prise de Pékin par les Mongols; quatrième concile de Latran : la création de l'ordre des frères mineurs ou franciscains est approuvée, la communion annuelle est rendue obligatoire, on impose aux juifs un vêtement et un signe qui les distinguent des chrétiens. 1217 : chœur de la cathédrale du Mans. 1217-1218 : famine en Europe orientale et centrale. 1218-1222 : cinquième croisade.

1220-1229, on peut rattacher à cette période le *Lai d'Aristote* d'Henri d'Andeli, *Guillaume de Dole* de Jean Renart, *Durmart le Gallois*, *Lancelot du Lac*, *Huon de Bordeaux*, *Aimeri de Narbonne*, l'*Histoire de Guillaume le Maréchal* et l'*Histoire des ducs de Normandie*. En 1226, le *Cantique du Soleil* de saint François d'Assise. Guillaume de Lorris travaille sans doute entre 1225 et 1230 à la première partie du *Roman de la Rose*. A cette époque, un très grand architecte, Villard de Honnecourt, rédige un carnet de notes conservé à la Bibliothèque nationale : c'est un précurseur de Léonard de Vinci par sa passion des problèmes techniques, son goût de l'expérience et de l'observation, sa curiosité universelle.

1220 : Frédéric II empereur ; début de la construction de la cathédrale d'Amiens ; vitraux de Chartres ; sculpture des mois de la cathédrale de Ferrare. 1221-1223 : les Mongols font des raids en Russie. 1223-1226 : Louis VIII, roi de France ; grande famine en Occident. 1224 : stigmates de saint François d'Assise. 1226 : Saint Louis devient roi ; saint François d'Assise meurt ; on commence la construction de la cathédrale de Burgos. 1227 : début de la construction des cathédrales de Trèves et de Tolède ; mort de Gengis Khan. 1229-1231 : grève de l'Université de Paris. 1228 : canonisation de saint François. 1229 : annexion du Languedoc au domaine royal.

1230-1240, vers 1230, le *Tristan* en prose. Les commentaires d'Averroès sur Aristote pénètrent en Occident. R. de Peñafort écrit sa *Summa de penitentia* et ses *Décrétales*. En 1240, R. Grosseteste traduit l'*Éthique* d'Aristote.

Vers 1230, l'expansion agricole tend à s'arrêter dans la région parisienne. 1231 : l'inquisition est confiée aux frères mendiants; le monnayage de l'or réapparaît en Sicile. 1235-1240 : les sculpteurs sont à l'œuvre à Reims. 1236-1242 : utilisation du papier-monnaie en Chine. 1237 : ouverture de la route du Saint-Gothard. 1238 : les Aragonais s'emparent de Valence. 1240 : les Prussiens se révoltent contre les Chevaliers teutoniques; les Mongols détruisent Kiev; victoire d'Alexandre Nevski sur les Suédois.

Sans doute n'est-il pas rare que l'on ignore, comme pour *Aucassin et Nicolette*, par qui, où et quand a été écrite une œuvre du Moyen Age qui est, pour une bonne part, le temps de l'anonymat. Mais d'autres problèmes, encore plus délicats, nous sont posés d'entrée de jeu. *Aucassin et Nicolette* est le seul échantillon du genre littéraire que l'on désigne par le mot de *chantefable* — ce terme n'apparaît d'ailleurs qu'une seule fois, précisément à la fin de notre texte — et où alternent, avec régularité, strophes assonancées et morceaux de prose [1] : s'agit-il d'une œuvre unique dans tous les sens du mot, ou bien les autres se sont-elles perdues sans laisser de trace ?

Il n'existe, de surcroît, qu'un seul manuscrit d'*Aucassin et Nicolette* : faut-il penser que ce chef-d'œuvre, unanimement admiré depuis des décennies, n'a rencontré en son temps aucun succès, et il est de fait que l'on n'en parle jamais au Moyen Age, alors que la chanson de geste *Beuve de Hantone*, dont nous verrons les rapports avec la chantefable, nous est connue par une version anglo-normande, trois versions françaises, d'autres en franco-italien et en vénitien, en *ottava rima* et en prose, des adaptations et traductions en anglais, en gallois et en vieux norrois, des contes roumains et russes ? Ou bien peut-on soutenir avec

1. Dans *Guillaume de Dole*, que F. Lecoy date de 1228, Jean Renart se vante d'avoir eu l'idée d'introduire dans son texte des chansons en guise d'ornement.

J. Ch. Payen que l'on a fait disparaître les copies d'un texte « qui offusque le confort intellectuel du public médiéval..., qui bouscule trop de poncifs, même si la provocation s'y dissimule sous un dehors bon enfant » ?

Cette œuvre, dont on ne sait si c'est un mime[1] à un ou deux personnages ou tout autre chose, séduit par un mélange exquis de vers et de prose, de poésie très raffinée, comme ce rayon de lune dans la hutte de feuillage, et de scènes burlesques, dans le monde chevaleresque où un ennemi est tenu par le *nasal* aussi bien que dans le royaume farfelu de Torelore où l'on prend le contre-pied des usages, puisque le roi demeure au lit après l'accouchement de sa femme qui a pris la tête des troupes et que l'on s'y bat avec des pommes pourries, des œufs et des fromages frais.

Dès les premiers vers, l'on s'interroge sur l'auteur et sur les deux héros. Voici un écrivain qui nous annonce, en parodiant le style épique des *grans paines* et des *prouesses*, qu'il consacre ses dernières forces à conter, pour le plaisir des auditeurs, les aventures et les amours de deux jouvenceaux, alors que l'usage était d'instruire et d'édifier; et il précise qu'il se surnomme le *Viel Antif*, or c'est le nom du cheval de Roland[2].

Bien plus, on découvre rapidement que Nicolette, au nom bien français, est d'origine sarrasine, tandis qu'Aucassin, prince chrétien, porte celui d'un roi maure de Cordoue, Alcazin, qui régna de 1019 à 1021[3], prenant place dans une longue série qui comprend, pour ne citer que quelques exemples, outre le bien connu *auferant* « coursier », « impétueux », *augalife* et *aumaçour*, titres de Sarrasins dans *la Chanson de Roland*, *Aucibier*, *Aucebier*, *Aufage*, *Aufaigne*, *Aufar*, *Aufricant*,

---

1. K. Rogger le, nie; A. Pauphilet estime que le texte était récité et mimé par un seul jongleur, tandis qu'O. Jodogne soutient qu'ils étaient au moins deux acteurs.
2. Villon, dans son *Testament*, se traite de *vieil usé roquard*, ce nom désignant une rosse, ou un soldat en retraite, ou même un oiseau de chasse bâtard ou de moins bonne race.
3. Nous empruntons ce renseignement à Brunner, *Ueber Aucassin und Nicolete*, p. 12.

noms ou surnoms de Sarrasins dans *la Prise d'Orange*, *Aufrique*, *Aufriquant*, *Aumarice*, *Aumarie*, noms géographiques fréquents dans les épopées.

Mais il est possible que, sur ce premier jeu de mots, s'en greffe un second, fondé, cette fois-ci, sur le provençal, la langue de Beaucaire[1]. Aucassin serait un diminutif d'*aucassa*, lui-même dérivé d'*auca*, « oie », et désignerait l'oison un peu niais mais sympathique, tandis que Nicolette viendrait de *nicola*, senti lui-même comme « diminutif de l'occitan *nica*, employé dans l'expression populaire *faire la nica*, « faire la nique, se moquer, être plus rusé qu'autrui » : ce serait donc la « futée ».

I. — L'HABILETÉ DE L'ÉCRIVAIN.

Cette double possibilité n'étonnera plus si l'on observe l'artiste au travail. Certes, la répétition de tours comme il *erra tant que*..., l'abus de l'adverbe de liaison *si*, douze fois employé, par exemple, en treize lignes du douzième morceau, donnent au texte un air de facilité et de naïveté. Mais, sans compter que ces redites, en plusieurs endroits, sont voulues, elles ne doivent pas masquer la richesse et la variété du vocabulaire : hapax peut-être inventés par l'auteur (comme *chantefable*, *miramie*, *garris*) ou empruntés à une tradition locale de faible extension *(cateron)*; mots dialectaux colorés tels que *waumonnés* « blets » ou *carbouclee* « charbon des moissons » qui, dans le portrait du bouvier, forme un couple antithétique avec *carbounée*, « grillade, biftèque »; onomatopées : ainsi Torelore, proche de mots appartenant au fonds épique comme *Tortelose* ou de refrains de pastourelles. Le conteur ne dédaigne pas les jeux de mots qui éclairent telle scène d'un sourire ou accentuent le burlesque de telle autre. N'est-il pas surprenant que, traqués par le

---

1. Nous reproduisons ici une hypothèse que notre collègue et ami Charles Camproux nous a communiquée en décembre 1971.

guet, les deux héros, dialoguant par la fente d'une tour, prennent le temps de se demander qui, de l'homme ou de la femme, aime le mieux ? Le conteur introduit alors, dans la tirade d'Aucassin, le mot *son* qui, d'abord adjectif possessif, devient le second élément de la locution prépositive *en son* « au bout de », que suit immédiatement le mot *cateron*, qui n'a rien de littéraire et qui, en picard, signifie « trayon ». Veut-il s'amuser des déguisements et des métamorphoses des héros épiques et romanesques ? Nicolette, qui s'est teint en noir le visage et le corps — comme Guillaume d'Orange ou comme Josiane de *Beuve de Hantone* — retrouve sa blancheur et son éclat en se frottant avec une herbe nommée *éclaire*, laquelle est la chélidoine, qui jaunit. Peut-être veut-il en même temps suggérer l'écart qui existe entre le signe et la chose. Mais c'est surtout dans l'épisode burlesque de Torelore que sa verve vagabonde en liberté. Pour décrire ce roi qui garde le lit après l'accouchement de la reine, il emploie (XXVIII, XXIX, XXX), sous toutes ses formes, aux voies active et pronominale, au présent, à l'imparfait et au futur, seul ou en locution avec *enfant* ou *fils*, le verbe *gesir*, qui signifiait à la fois « être couché » et « accoucher ». L'*estor champel* (XXXI), « bataille en rase campagne », vieille formule épique usée jusqu'à la corde, redevient « un combat champêtre », puisqu'on se bat à coups de champignons des prés et de fromages mous, qui figuraient au Moyen Age parmi les attributs des fous.

Le vocabulaire se diversifie pour peindre les personnages. Les héros épiques utilisaient jusqu'à l'excès la formule de malédiction, *Dahé ait qui...*, « que la haine de Dieu soit sur celui qui... ». Seuls l'emploient dans la chantefable un pastoureau et un bouvier, dans une habile amplification, puisque le premier dira successivement : *Dehait ait qui en parlera*, puis *Ma dehait qui vous croit*, et que le second, plus violent, utilisera la formule complète : *Mal dehait ait qui ja mais vos prisera*. Seuls, ils utilisent les jurons, le pastoureau *por le cuerbé* « corbleu », le bouvier *por le cuer que cil Sires eut en sen ventre*, encore qu'Aucassin, dans le royaume de Torelore, se laisse aller à de tels écarts de langage.

A plusieurs reprises, le conteur traduit sa propre prose en langage poétique. Les *escargaites de le vile*, les archers du guet, qui recherchent Nicolette, *les espees traites desos les capes* (XIV), deviennent dans la strophe suivante, selon les propos du veilleur (XV),

> des souduians
> ki par ci te vont querant,
> sous les capes les nus brans.

L'auteur précise qu'il s'agit d'un « chant beau et bien fait ». La hutte que construit Nicolette est, dans un passage en vers (XIX), faite

> des flors de lis
> et de l'erbe du garris
> et de le foille autresi
> . . . .
> ainques tant gente ne vi;

en prose (XX), elle devient *molt bele et mout gente... bien forree dehors et dedens de flors et de foilles.* Les qualicatifs épiques *ber* « valeureux » et *preus* « courageux », ne se rencontrent que dans des vers, ainsi que des mots comme *ainc*, *ainques* « jamais » (*onques* en prose), *gaut* et *gaudine* « petit bois » (*forêt*, treize fois sur quatorze, est employé en prose, tandis que *bois* est bivalent), *vis*, *viaire* et *ciere* « visage » (*visage* et *face* sont moins localisés), la préposition *o* (ailleurs, on a *aveuc*, *avoc*, *aveuques*, *à*), *lis*, *maïsté*, *clamer*... K. Rogger écrit même qu'on a, « relisant la chantefable, de plus en plus l'impression que les parties métriques sont presque la raison d'être de ce poème et que les morceaux de prose ne font que leur fournir la matière indispensable ». Il est indéniable que le conteur a une prédilection pour le lyrisme, dont il ne se moque pas, au contraire des éléments épiques et romanesques. Mais la prose, si elle est reprise par les vers, constitue aussi une trame nécessaire, où se logent des éléments de réalisme (discussions avec les parents, avec le bouvier, etc.), si bien que, sans elle, l'ensemble s'écroulerait.

Certains motifs, scènes et mots n'apparaissent que dans les strophes : la guérison par l'audition de la chantefable (I) ou par la vision de la jambe de Nicolette (XI), la substitution du Saxon aux Sarrasins comme marchand de Nicolette (III), la chambre *vautie, panturee a miramie* (V), les litanies d'Aucassin (VII, XI), l'armement du héros à la manière des chevaliers épiques (IX), l'adoration des cheveux (XIII), le chant du veilleur qui met en garde l'héroïne (XV), la crainte des lions (XVII), la farandole des diminutifs dans une scène de pastourelle (XXI), la chanson à l'étoile (XXV), l'équivoque sur le *plenier estor campel* (XXXI), les propos sensuels de Nicolette (XXXIII, XXXVII). Il semble que le trouvère tende à créer, dans les passages en vers, un monde poétique qui double le nôtre et échappe à ses contraintes, de quelque ordre qu'elles soient.

D'une culture très riche, le conteur s'est complu à récrire des scènes très connues, en un style elliptique et fin qui ne retrouve sa saveur que grâce à une comparaison avec le modèle. Ainsi la rencontre du chevalier avec le bouvier, gardien de troupeau dans *le Chevalier au lion* de Chrétien de Troyes et conducteur d'un attelage dans *Aucassin et Nicolette*. Le schème du passage est identique : portrait horrifique du vilain, peur du héros, dialogue qui réintègre le bouvier parmi les humains ; et plusieurs formules demeurent très proches[1]. Mais notre auteur, qui cherche à se distinguer de son devancier, a refait le portrait dont il conserve, toutefois, l'ordre traditionnel : Chrétien empruntait ses comparaisons au règne animal (oreilles d'éléphant, yeux de chouette, nez de chat, bouche de loup, dents de sanglier), son successeur, qui ajoute des éléments et en supprime d'autres, a joué surtout de la répétition de *grand* avec des variantes *(grandisme, grosses)* et recouru à deux comparaisons nouvelles, liées par les sonorités, *carbouclee* et *carbounee* déjà commentées.

---

1. *Chevalier au lion*	*Aucassin et Nicolette*
... leiz et hideus a desmesure	... et merveillex et lais et
einsi tres leide criature...	[hidex...
une grant maçue en sa main...	... si estoit apoiiés sor une
apoiez fu sor sa maçue...	[grande maçue.

Chrétien décrivait plutôt la *robe*, notre trouvère, qui parle de la *cape*, insiste sur les houseaux et les souliers. Le bouvier de Chrétien, plus respectueux, révèle son identité avant d'interroger le chevalier; celui d'*Aucassin et Nicolette*, avec une rudesse sympathique, refuse de parler tant que le jouvenceau ne lui aura pas découvert la cause de ses larmes. Mais surtout, si le premier, bossu et tordu, conserve un aspect mythique, exerçant un pouvoir quasi magique sur un étrange troupeau de taureaux sauvages, d'ours et de léopards (à tout le moins dans certains manuscrits) et ne dévoile que peu à peu son aspect humain au terme d'une très habile progression, le second, gigantesque personnage qui n'ignore rien de la vie de Beaucaire et recherche un bœuf perdu, donne à Aucassin une leçon de courage et de persévérance : voici trois jours qu'il cherche; de générosité : il pense à sa mère plutôt qu'à lui; d'optimisme : la roue de Fortune finira par tourner à son avantage. Leçon entendue : Aucassin reprendra sa quête sans pleurer. Aussi n'est-il pas utile que le bouvier lui indique la voie à suivre, comme celui de Chrétien montrait à Calogrenant le chemin de la fontaine magique : ce rôle est dévolu au pastoureau.

Mais le plus étonnant peut-être est le jeu des parallélismes et des refrains qui est loin d'être dépourvu de signification et qui, souvent, se conjugue avec le procédé de l'encadrement. Par exemple, l'on a, à trois reprises, un motif voisin, le refus d'accéder à la demande de l'interlocuteur.

XVIII. *Le pastoureau refuse de transmettre le message de Nicolette à Aucassin.*

      « Je li dirai ? fait cil qui plus fu enparlés des autres; dehait ait qui ja en parlera, ne qui ja li dira!

        C'est fantosmes que vos dites, qu'il n'a si ciere beste en ceste forest (...)

      Ma dehait qui vos en croit, ne qui ja li dira!

        Vos estes fee, si n'avons cure de vo conpaignie, mais tenés vostre voie.

XXII. *Le pastoureau refuse de chanter à Aucassin son refrain.*

      Nous n'i dirons, fait cil qui plus fu enparlés des

autres. Dehait ore qui por vous i cantera, biax sire!

. . . .

Os, por le cuerbé! fait cil; por quoi canteroie je por vos,
s'il ne me seoit,
quant il n'a si rice home en cest païs, sans le cors
le conte Garin, s'il trovoit mé bués ne mes vaces ne
mes brebis en ses prés n'en sen forment, qu'il fust
mie tant herdis por les ex a crever qu'il les en ossast
cacier?

Et por coi canteroie je por vos, s'il ne me seoit?

XXIV. *Le bouvier refuse de plaindre Aucassin qui prétend
avoir perdu un lévrier. Cette tirade reprend les procédés des
deux morceaux précédents en les intensifiant.*

Os! fait cil, por le cuer que cil Sires eut un sen ventre!
que vos plorastes por un cien puant? Mal dehait ait qui
ja mais vos prisera
quant il n'a si rice home en ceste tere, se vos peres
l'en mandoit dis u quinse u vint, qu'il ne les eust
trop volentiers, et s'en esteroit trop liés.
Mais je doi plorer et dol faire.
            (Suit le récit de la perte du bœuf Roget.)
Et vos plorastes por un cien de longaigne? Mal dehait
ait qui ja mais vos prisera!

Les strophes V, VII et XI présentent un jeu tout aussi
subtil de correspondances, d'encadrements simples et
doubles, d'entrelacements. Ce ne sont pas des cas
isolés[1]. Souvent, le récit progresse d'un morceau à
l'autre, ainsi du deuxième au huitième : tous deux présentent les événements guerriers, mais, si le second
s'intéresse à l'attaque, le huitième se place du point
de vue de la défense; de plus, il comporte une aggra-

___

1. Autres exemples : II et VIII (exhortations du père et refus
d'Aucassin de se battre), II, IV et VI (origine sarrasine de Nicolette), VIII et X (accord du père et du fils), II, VIII et X (devoirs
du chevalier), II, V et X (portraits), IV, VI et X (menaces de Garin),
VI et XX (rumeurs lors de la disparition de Nicolette). Ces parallélismes sont beaucoup moins nombreux dans la seconde partie
(après XXIV). L'auteur veut-il simplement précipiter l'action,
pour que soit plus éclatante la parodie du roman d'aventures?
Il les a multipliés dans la première partie, qui est, à notre avis,
plus spécialement une parodie de l'épopée.

vation et la solution du deuxième. Les fines variations
sur les blessures des héros sont tout aussi instructives.

xvi... si bel pié et ses beles mains, qui n'avoient mie apris
c'on les bleçast, furent quaissies et escorcies et li sans en
sali bien en dose lius, et ne por quant ele ne santi ne mal
ne dolor por le grant paor qu'ele avoit.

xxiv. Ne quidiés mie que les ronces et les espines l'esparnaiscent. Nenil nient! ains li desronpent ses dras qu'a painnes
peust on nouer desu el plus entier, et que li sans li isci des
bras et des costés et des ganbes en quarante lius u en trente,
qu'aprés le vallet peust on suir le trace du sanc qui caoit sor
l'erbe. Mais il pensa tant a Nicolete, sa douce amie, qu'i
ne sentoit ne mal ne dolor...

Il peut sembler étonnant qu'Aucassin ait de plus
nombreuses blessures que Nicolette, alors qu'il suit
les chemins et est à cheval. Cette aggravation, quelque
peu suspecte, tend à discréditer le héros, mais elle
suggère aussi qu'absorbé par son amour, il est si inat-
tentif au réel qu'il coupe à travers bois et fourrés, et
se blesse grièvement, sans rien sentir. Il se peut que
ces quelques lignes contiennent une discrète allusion à
l'exploit de Lancelot, franchissant, dans *le Chevalier
de la charrette* de Chrétien de Troyes, le Pont de
l'Epée afin de pénétrer dans le royaume où Guenièvre
est retenue prisonnière; et aussi une légère critique :
inutile d'imaginer le passage d'un torrent épouvantable
sur une lame d'épée *forbie et blanche*. Aucassin, d'ailleurs, fait mieux que Lancelot : celui-ci traverse *a grant
dolor* et *a grant destrece*, trouvant, grâce à l'amour,
du plaisir dans la souffrance; celui-là ne ressent aucune
douleur.

Cette recherche du parallélisme, que l'on retrouve
au niveau des mots [1], explique certaines invraisem-
blances : Nicolette, *flors de lis* (xi), tapissera la hutte
de lis qu'elle cueille dans la forêt (xix); pour montrer
le pouvoir de l'amour, le conteur, à la fin des pre-

---

1. Ainsi, vii, 4-5 : *nus ne le puet conforter, ne nul bon consel
doner;* xx : *Je vos donrai bon consel...;* xxiv : *Certes, tu es de bon
confort...*

mière (x) et seconde (xxiv) parties, raconte une distraction amoureuse d'Aucassin, dont l'une, la chute de cheval, entraîne une guérison (xxvi) qui rappelle celle du pèlerin (xi).

Habileté de la construction, mais aussi richesse de la toile de fond, puisque la chantefable, qui manifeste un goût certain de la réalité familière, restitue avec un incomparable pouvoir de suggestion le décor de la civilisation médiévale (avec des usages peut-être remis en question à l'époque où fut écrite l'œuvre, comme le *lagan*, ou droit de piller les épaves) et les diverses classes sociales, du comte de Beaucaire et du vicomte au *boyer* qui conduit l'attelage d'un riche paysan, et aux pastoureaux, méfiants, rusés, intéressés, taquins, mais sensibles à la beauté et plus fins que leurs homologues des pastourelles ou que les bergers ignares de *Guiron le Courtois*, ou encore du généreux veilleur aux cruels archers du guet, du jongleur aux marins.

II. — UNE PARODIE POÉTIQUE.

Plusieurs exemples ont déjà suggéré que le conteur reprend, avec un sourire, des mots et des formules épiques, et qu'en général, chaque auteur du Moyen Age est tributaire d'une longue tradition : « ... la tâche du poète consistait à savoir ce qui était connu et dit, à ranimer par un jeu d'oppositions et de contrastes ce qui existait déjà [1] ». En fait, *Aucassin et Nicolette* est souvent une parodie, plus habile qu'on ne l'a dit, de la chanson de geste, sous son double aspect, archaïque, où la femme, comme dans le *Roland* et *Gormond et Isembart*, ne joue aucun rôle, plus moderne, quand les héros deviennent courtois et *amïables*, tel Guillaume qui, dans la *Prise d'Orange*, se déguise pour parvenir auprès de la belle Orable.

Le poète aime à commencer ou à terminer des para-

---

1. E. Vinaver, *A la recherche d'une poétique médiévale*, p. 194.

graphes ou des strophes par des tours identiques, à répéter des formules comme *Nicolete o le cler vis* (que l'on trouve, dans l'épopée, appliquée à des femmes : *Orable est la dame o le cler vis* [1], ou à des hommes avec un autre adjectif : *Garin au vis fier*), à en fabriquer de nouvelles qui, de structure épique, contiennent des termes incompatibles avec le premier idéal chevaleresque : ainsi, cette phrase, répétée vingt-trois fois, *la tres douce amie qu'il aime tant*.

Outre les laisses assonancées, dont la valeur est double (en elles-mêmes, en relation ou en opposition avec d'autres), il reprend à la chanson de geste certains de ses motifs préférés. Les poètes se plaisaient à décrire, dans un ordre immuable, la manière dont un chevalier s'armait [2]. Voici, entre des centaines, l'armement de Gui d'Allemagne dans *le Couronnement de Louis* (vers 2475-2490) : le guerrier « demande qu'on lui apporte ses armes les plus précieuses. Et le messager de répondre : « A vos ordres ». Ses écuyers les lui apportent sans perdre une minute. Ils lui passent sur le dos son haubert algérois, dont les mailles sont plus rouges qu'un feu ardent ; ils lui lacent ensuite un heaume vert qui reluit et porte une escarboucle au-devant, sur le nasal. A sa gauche, il a ceint l'épée. On lui amène son destrier vigoureux et rapide... Aussitôt il a sauté sur sa monture sans se servir de l'étrier ni de l'arçon. Il suspend à son cou un lourd et robuste bouclier, tenant entre ses poings un épieu tranchant et robuste, auquel avec cinq clous d'or il fixe son étendard. Par la porte, il sort en éperonnant. » Le conteur d'*Aucassin et Nicolette*, s'il enchâsse ce motif au cœur d'une strophe entre des allusions d'ordre amoureux et le réduit au schème le plus élémentaire (IX), utilise des adjectifs épiques par excellence, *dublier*, d'*or mier* [3], et le mot *espiet* que

---

1. Dans *la Prise d'Orange*. Autre exemple : *quanque il deüst* (II), *quanque faire doie* (IV), *quanques il dut faire* (X).
2. Voir, sur ce sujet, J. Rychner, *la Chanson de geste. Essai sur l'art poétique des jongleurs.*
3. K. Rogger y voit une invraisemblance ; c'est surtout la reprise d'un tour très fréquent de *la Chanson de Roland*, où il est question d'éperons *d'or mier*, et d'épées *enheldees d'or mer* « à la garde d'or pur » (3887).

les poètes épiques préfèrent à *lance* [1] et que lui-même, dans le morceau en prose qui suit, remplacera par *lance*, sans oublier de faire un clin d'œil malicieux à l'auditeur : « Aucassin regarda ses deux pieds qui étaient bien posés dans les étriers : sa satisfaction fut totale. »

Bien plus, il redouble le procédé en introduisant, au début du morceau X, le motif du chevalier en armes, où l'ordre des éléments est plus libre, puisqu'il est question successivement du bouclier, du heaume, du baudrier, de l'épée. Or il se trouve que *la Chanson de Roland* présente la même suite de ces deux motifs (LXXIX et LXXX sqq). Le conteur parodie des mêlées épiques, ici, ajoutant des bourgeois aux sergents, là, armant les combattants de pommes pourries et de fromages frais.

Autre motif : le message dicté d'abord, puis transmis. Nicolette énonce le sien, en le fragmentant; le pastoureau le reproduit d'un seul tenant.

Procédé de l'épopée aussi bien que de la chanson — et c'est un trait caractéristique d'*Aucassin et Nicolette* que d'être une œuvre à la fois savante et proche de la naïveté populaire — le recommencement par enchaînement « consiste à reprendre, au début de la laisse suivante, ce qui a été dit à la fin de la laisse précédente » (J. Rychner) :

XXVII... si *descendent* u sablon
               les le rivage.

XXVIII Aucassins *fu descendus* entre lui et s'amie...[2]

Si les parallélismes que nous avons signalés rappellent les laisses parallèles de la chanson de geste, ailleurs, par le procédé de la reprise bifurquée, « à partir du même moment, du même point, se déroulent deux fils différents » (J. Rychner) :

1. L'auteur de *la Chanson de Roland* emploie 10 fois *lance* et 45 fois *espiet*. Il utilise ce dernier mot chaque fois que les armes sont mentionnées en détail.
2. Autres exemples : XVIII et XXIX, XXX, XXXI et XXXII, XL et XLI.

XXXVI... et *quant Nicolete vit les murs del castel et le païs,* ele se reconut...

XXXVI... *voit les murs et les astages*
　　　　　et les palais et les sales;
　　　　dont si s'est clamee lasse...

On a taxé d'invraisemblance et de négligence ce qui était, en fait, une parodie finement critique. N'a-t-on pas reproché à l'auteur de placer Beaucaire tantôt à proximité de la mer, en sorte que les habitants peuvent venir piller les épaves, tantôt loin du rivage, puisque les héros chevauchent longtemps avant de l'atteindre ? Peut-être vaut-il mieux y voir une plaisante transposition de *la Chanson de Roland*, où Saragosse, située, au début, sur une montagne (I), retrouve ensuite sa place au bord de l'Ebre que la flotte de l'émir Baligant remonte jusqu'à la cité (CXCI). De même, le rédacteur d'une version de *la Prise d'Orange* croyait qu'Orange est au bord de la mer. Le comte Bougar[1] de Valence assiège Beaucaire depuis vingt ans[2], avec cent chevaux et dix mille hommes à pied : dans la ville proche d'Orange, le fameux Guillaume n'avait résisté que pendant sept ans, selon les *Nerbonesi* d'Andrea da Barberino.

Le vicomte répète qu'il a acheté Nicolette à des Sarrasins, mais la mère d'Aucassin précise, dans une strophe, qu'elle fut enlevée à Carthage et rachetée à un Saxon. O. Jodogne y discerne un schéma emprunté à *Clarisse et Florent*, suite d'*Huon de Bordeaux :* « ... il faut supposer que Nicolette serait originaire de Carthage, ravie par on ne sait qui, vendue par un Saxon, rachetée par des Sarrasins auprès de qui le vicomte l'aurait acquise ». N'est-ce pas plutôt une reprise, comme on en décèle dans *la Chanson de Roland*, où Charlemagne reçoit les mêmes ambassades étrangères à Laon, puis à Aix-la-Chapelle ?

　　1. Dont le nom est signifiant comme celui de nombreux Sarrasins : Bougar, c'est le Bougre (à l'origine le Bulgare), l'hérétique, voire le sodomite. Garin de Beaucaire porte le même nom que l'ancêtre de Guillaume d'Orange, Garin de Monglane.
　　2. Le siège de Troie n'a duré que dix ans.

Que dire enfin des lions qui hantent la forêt de Beaucaire ? Le conteur veut-il seulement susciter la pitié,
comme le pense K. Rogger ? Ces lions n'apparaissent
que dans la strophe en vers XVII et dans un tour négatif du morceau XVIII : ailleurs, avant (XVI) comme
après (XVIII) notre laisse, il n'est question que de *bêtes
sauvages*. Moyen, certes, de suggérer la frayeur de
Nicolette, mais aussi double allusion, d'une part, à
la Chanson de Roland, où les chrétiens redoutent que
des lions ne mangent les cadavres de leurs compagnons,
d'autre part, au *Chevalier de la charrette*, où, parvenus
au Pont de l'Epée, Lancelot et ses deux camarades
croient voir de l'autre côté, liés à une grosse pierre,
deux lions ou deux léopards : la suite révèle que ce
n'étaient que les produits d'imaginations enfiévrées
par la peur.

L'auteur était imprégné de toute la littérature
contemporaine, en particulier des œuvres de Chrétien
de Troyes. Il n'est pas très facile de le déceler, car souvent il se borne à reprendre quelques mots clés qui
rappelaient aussitôt aux auditeurs des scènes très
connues [1]. Le *viel antif* s'est surtout attaché à parodier
le Chevalier de la charrette, les aventures de Lancelot
du Lac, le parfait amant, mais souvent en inversant
les rôles : si Lancelot recherche Guenièvre, c'est Nicolette qui se mettra en quête d'Aucassin, après avoir
été enfermée dans la tour dont le vicomte a fait sceller
la porte en sorte que personne n'en puisse entrer ni
sortir, et où l'air ne pénètre que par une fenêtre *assés
petite*, tour semblable à celle où le méchant Méléagant
a emprisonné Lancelot :

> ... puis commanda les uis barrer
>
> ...
>
> Ensi volt qu'elle fust celee
> ne n'i remest huis ne entree
> fors c'une petite fenestre [2].

1. Cette connaissance intime des romans de Chrétien nous
inviterait à penser qu'*Aucassin et Nicolette* est de la fin du
XIIᵉ siècle plutôt que du début du XIIIᵉ.
2. Ed. Mario Roques, Paris, Champion, vers 6133 sqq.

Nicolette s'échappera par ses propres moyens, Lancelot avec l'aide de la sœur de son geôlier.

Un passage du *Chevalier de la charrette* est bien
connu : pendant la traversée d'une lande, Lancelot,
absorbé par la pensée de sa bien-aimée, oublie jusqu'à
sa propre existence : « Sous l'empire de son penser
son moi s'anéantit. Il ne sait s'il existe ou s'il n'existe
pas. De son nom il n'a plus souvenance. Est-il armé ?
Ne l'est-il pas ? Il n'en sait rien. Il ne sait où il va, il ne
sait d'où il vient. De son esprit chaque être est effacé,
hormis un seul, pour lequel il oublie tout le reste du
monde [1]. A cet unique objet s'attachent ses pensées.
C'est pourquoi il n'entend, ne voit, ne comprend
rien [2]. » Arrivé à un gué, il n'entend pas l'interdiction
du défenseur, si bien qu'il est désarçonné par l'autre
et que

> si li cheï tot a un vol
> la lance et li escuz del col [3].

Il sort alors de son songe, combat et vainc son adver-
saire. N'avons-nous pas, dans *Aucassin et Nicolette*,
le même schéma, voire les mêmes mots : *ne l'en sovint,
ains pensa...*, son cheval *l'en porta parmi le presse*, ses
ennemis *le desaisissent de l'escu et de le lance ?* Mais,
de nouveau, l'auteur de la chantefable enchérit,
puisque Aucassin n'entend rien, ne voit rien, alors
que la bataille fait rage, que ses ennemis le désarment,
l'emmènent, parlent de la mort à lui infliger.

Nicolette a lancé à Aucassin une mèche de ses cheveux (XIII) : il les *a molt honerés — et baisiés et acolés —
en son sein les a boutés.* Ce sont les mots de Chrétien,
les gestes de Lancelot qui a découvert sur un perron
un peigne où sont restés accrochés des cheveux de la
reine Guenièvre :

---

1. *De rien nule ne li sovient — fors d'une seule, et por celi — a
mis les autres en obli; — a cele seule panse tant...*
2. Vers 714-724. Traduction de Jean Frappier, *le Chevalier
de la charrette*, Paris, Champion.
3. Vers 765-766.

1460 Ja mes oel d'ome ne verront
     nule chose tant enorer,
     qu'il les comance a aorer,
     et bien .c^m. foiz les toche
1464 et a ses ialz, et a sa boche,
     et a son front, et a sa face...
1468 an son soing, pres del cuer, les fiche
     entre sa chemise et sa char [1].

Comme l'a démontré A. Micha, l'auteur de la chantefable reprend, le plus souvent en les tirant vers le burlesque ou, à tout le moins, en introduisant un élément hétérogène, de nombreux motifs du roman d'aventures. Dans *le Chevalier de la charrette*, Gauvain, qui n'a pas réussi à passer le Pont Evage, barbote piteusement dans l'eau [2]; au royaume farfelu de Torelore, celui qui trouble le plus l'eau du gué est proclamé le prince des chevaliers. Dans l'épisode de la « couvade », il s'agit, au premier plan de signification, d'une « mauvaise coutume », que le héros abolit, fort actif alors, sage au milieu des fous ou brute guerrière parmi les pacifiques, substituant les injures aux propos courtois, une bastonnade au combat à l'épée. Que de navires ont sillonné les flots des romans pour ramener le héros ou l'héroïne au château natal! Mais Nicolette est malheureuse de retrouver sa famille, qui la sépare d'Aucassin.

Le conteur se moque, en passant, du roman idyllique, de ses ficelles et de ses procédés qu'il accumule dans la seconde partie : navigation, razzias de Sarrasins, séparations, déguisements, reconnaissances. A. Micha a bien vu que « ce léger persiflage n'avait de sel que, si grâce à une volubilité narrative étourdissante, l'auteur collectionnait en quelques pages les traditionnels morceaux de résistance du genre ».

Mais il serait vain de vouloir, en l'espace d'une

---

1. Traduction de J. Frappier : « On ne verra jamais à rien accorder tant d'honneur. L'adoration commence : à ses yeux, à sa bouche, à son front, à tout son visage, il les porte et cent et mille fois... Il les enferme dans son sein, près du cœur, entre sa chemise et sa chair. »
2. Voir la traduction de J. Frappier, p. 156.

brève préface, décomposer cette mosaïque de réminis-
cences littéraires, recenser tous les emprunts et toutes
les allusions [1] aux aubes et aux pastourelles, peut-être à
Floire et Blancheflor et à *Piramus et Tisbé*, encore que
les ressemblances soient beaucoup moins probantes [2]
que ne l'ont cru Hugo Brunner [3] et E. Faral, sans doute
à *Clarisse et Florent* — O. Jodogne nous en a convain-
cus — et à *Tristan* [4], mais surtout à une épopée contemporaine, *Beuve de Hantone*, dont l'auteur s'est inspiré
plus qu'on ne l'a dit, même s'il a introduit des modi-
fications très significatives et quelques transpositions
en chiasme dont il est coutumier. *Beuve de Hantone*
mêle aux alexandrins des décasyllabes, comme dans
Aucassin et Nicolette, alternent, de façon régulière, des
morceaux de prose et des laisses assonancées d'hepta-
syllabes, avec, pour finir, un vers orphelin de quatre syllabes. Le héros, Beuve, après l'assassinat de son père,
est vendu à des marchands sarrasins qui le donnent
au roi Hermine d'Egypte [5]; il met en fuite une armée
assiégeante, capture puis libère son chef Bradmond [6];
celui-ci le jette dans un cul-de-basse-fosse où il reste
sept ans; il s'échappe de sa prison [7], tue Bradmond,
enlève à son mari la belle Josiane, conquiert le géant
Escopart [8] qu'il convertit au christianisme; tous trois
prennent la mer et parviennent à Cologne. Plus tard,
Josiane, que le comte Miles épouse de force [9], étrangle

1. Inutile de recourir à des modèles arabes, provençaux et cel-
tiques (Voir Meyer-Lübke dans la *Zeitschrift für romanische
Philologie*, XXXIV, 1910, p. 518).

2. Voir les critiques de Myrrha Lot-Borodine (pp. 78-79) et de
K. Rogger.

3. *Ueber Aucassin und Nicolete*, 1880.

4. La hutte, la menace du bûcher, la nature entreprenante de
l'amante, le choix entre le saut et le bûcher...

5. Nicolette est enlevée par des Sarrasins et vendue au vicomte
de Beaucaire.

6. Comportement identique d'Aucassin envers Bougar.

7. Aucassin est libéré par son père; c'est Nicolette qui s'é-
chappe.

8. Qui devient un gigantesque bouvier dans *Aucassin et Nicolette*.

9. Simple menace dans la chantefable.

son agresseur : condamnée au bûcher [1], elle est délivrée par Beuve qui arrive à temps. Nouvelle séparation des deux héros pendant sept ans : Josiane retrouve Beuve, après avoir longtemps erré déguisée en jongleur, et de l'herbe appelée *éclaire* se frotte le visage pour lui rendre sa blancheur naturelle [2].

Le conteur d'*Aucassin et Nicolette* ne s'est pas borné à puiser dans le trésor de la littérature écrite : il a emprunté au folklore et aux traditions orales de nombreux éléments, quelquefois à tonalité burlesque (telle la couvade), le plus souvent poétiques : le lis dans la forêt, le carrefour des sept chemins, l'étoile du soir attirée par la lune, la rose épanouie, le rayon de lune dans la hutte, la bête précieuse qui assure le salut du chasseur, le malade guéri après avoir vu la jambe de Nicolette, la promenade dans la rosée...

III. — UN HYMNE A LA FEMME.

Toute cette richesse vise, en fait, à donner une image nuancée du couple formé par Aucassin et Nicolette. Le premier apparaît vite comme une sorte d'*antihéros* que caractérisent l'inertie et les lamentations : il pleure quand il apprend la disparition de Nicolette, il se désespère dans sa prison, attendant que son père le délivre, et recommence à pleurer bier que Nicolette lui ait démontré l'inutilité des larmes, il pleure dans la forêt quand il ne retrouve pas son amie, il pleure lorsqu'il songe à Nicolette absente, et lorsqu'elle tarde à le rejoindre. *Antichevalier*, dépourvu du sens du lignage au point de libérer l'ennemi mortel de sa famille et de l'inviter à nuire à son père, il n'apprend pas le métier des armes (il fera cependant merveille dès le premier engagement) et refuse d'abord de se

---

1. C'est seulement une crainte dans *Aucassin et Nicolette* où, à aucun moment, Aucassin n'est le libérateur de Nicolette.
2. C'est exactement la fin de la chantefable.

battre : conduite scandaleuse aussi bien dans le monde
féodal que dans le monde courtois où l'amour est
source de prouesses ; il n'entre dans la guerre qu'à la
suite d'un marchandage : un exploit contre un baiser
de Nicolette. Sa bataille est un chef-d'œuvre de bouf-
fonnerie : absorbé par la pensée de son amour, il
commence par être fait prisonnier ; il profite de la
négligence des ennemis pour retourner la situation par
une bousculade peu chevaleresque, dans « une sorte
de rage amoureuse » ; il ne livre pas de duel grandiose
au comte Bougar, mais, mettant fin ainsi à une guerre
de vingt années, il lui enfonce le casque sur la tête et
le traîne jusqu'à son père en le tirant par le nasal.
Plus tard, il tombe lourdement et serait grotesque sans
l'excuse de la passion. Parmi les doux rêveurs du
royaume de Torelore, il a beau jeu, seul à manier une
épée. Un tantinet ridicule dans ses propos souvent
outranciers, il retrouve en Nicolette la douceur du
raisin, voire d'un morceau de pain trempé dans une
écuelle de bois ; emmené par ses ennemis, il découvre
que, si on lui coupe la tête, il ne pourra plus parler à
son amie. Bien qu'il prétende que l'amour de l'homme
soit plus profond que celui de la femme, « c'est toujours Nicolette qui prend l'initiative, suivie, comme
de son ombre, par Aucassin. Nicolette est la femme
qui appelle, dirige et domine le mâle : son écho. C'est
elle qui aime, elle qui est l'amour... lui l'obsédé, le
possédé » (K. Rogger). Le jeu des parallélismes montre
la supériorité de Nicolette : son évasion, pleine d'angoisse et de souffrances (XVI), s'oppose à celle d'Aucassin (XX), d'une facilité enfantine. Il subit l'aventure
comme il subit l'amour : un chevalier lui dit d'aller
dans la forêt ; devenu comte de Beaucaire, il attend le
miracle qui lui rendra Nicolette qu'il ne reconnaît pas
sous son déguisement.

Mais le conteur n'a pas cherché à le discréditer
complètement, s'il se sert de lui pour ridiculiser l'hé-
roïsme et la courtoisie, la guerre et l'épopée. Aucassin
n'est pas un bouffon, ni même, comme l'écrit O. Jodogne, « un insensé malencontreusement habité par
l'amour ». En face d'un père parjure (comme l'est

aussi Bougar qui, malgré sa promesse, ne rallume pas la guerre), faisant figure de sage dans le monde à l'envers du royaume de Torelore, c'est plutôt un naïf, assez falot, certes, mais généreux, par exemple avec le bouvier, sans une once de méchanceté, sauvé par sa jeunesse, son exceptionnelle beauté, son admiration pour la femme, son amour qui le rend indifférent à tout le reste et garde sa vigueur dans l'épreuve et l'absence, incapable de concevoir la vie sans Nicolette au point de préférer se tuer plutôt que de la savoir entre les bras d'un autre.

Il demeure le suivant et le servant de Nicolette que le conteur a parée d'un halo de mystère et de gloire sans jamais en sourire, rappelant les malheurs de son enfance et de son adolescence, lui donnant une origine sarrasine comme à la belle Orable, la femme de Guillaume d'Orange, devenue par le baptême Guibourc [1], n'hésitant pas, pour mettre en valeur sa beauté, à tomber dans l'invraisemblance : ne s'enfuit-elle pas revêtue d'un somptueux bliaut qui lui moule le buste, pieds nus, pour qu'éclate la blancheur de ses pieds même au milieu d'un champ de marguerites ? L'auteur l'a entourée de symboles chargés de poésie : la rose épanouie de la Vierge-mère et de l'amour en fleur (ou éphémère), le lis de l'amour spiritualisé, la lune, l'astre d'Iris, de Diane et de l'Amour (du coup, Nicolette fuit par une nuit très claire), la hutte, avatar de la feuillée qui passait pour exercer une contrainte magique, le carrefour des sept routes, domicile des filles amoureuses et des sorcières.

Force de la vie, par son courage, son esprit de décision et son adresse, elle mène le jeu, sans pleurer ni se laisser abattre par l'infortune, même si elle éprouve angoisse et peur : à la crainte succède toujours l'action. Emprisonnée, elle décide de s'échapper et réalise bientôt son dessein; elle affronte le péril dans les rues de Beaucaire pour rendre visite à Aucassin; elle descend puis escalade le fossé escarpé, se déchirant les

---

1. Autre lieu commun que celui de la blonde Sarrasine se convertissant.

pieds et les mains ; elle pénètre dans la forêt malgré les bêtes sauvages ; elle jalonne son chemin de signes pour son ami : message aux pastoureaux, hutte de feuillage ; elle l'entraîne loin du danger ; séparée de lui par les Sarrasins et la tempête, malgré l'accueil chaleureux des siens, tous puissants rois ou princes, elle repart sous un déguisement. « A la fois femme et enfant, elle a toute la grâce de l'adolescence, innocente et candide, et toute la beauté de l'épouse, de l'amie fidèle, dévouée et sage » (M. Lot-Borodine). Fière aussi, elle exige d'Aucassin, pour se donner à lui, qu'il parte à sa recherche.

Le conteur se plaît à nous la présenter dans toutes les situations : à la fenêtre de sa chambre, les yeux fixés sur les roses et les oiseaux du jardin ; vue par Aucassin, à deux reprises, dans chacune de ses attitudes : immobile, marchant, se divertissant, conversant et plaisantant, embrassant et étreignant son ami ; découvrant sa jambe au pèlerin malade qu'elle guérit ; quittant de nuit sa geôle, pieds nus dans la rosée du jardin ; escaladant le mur du château, franchissant le fossé, les pieds blessés si bien qu'à leur blancheur de neige s'ajoute le rouge du sang ; dormant jusqu'au matin dans un épais buisson ; fée aux yeux des pastoureaux à qui elle conte une parabole à valeur de message ; soignant avec toute la sollicitude de l'amour l'épaule démise d'Aucassin ; chevauchant avec lui, marchant sur les plages de la mer ; refusant d'épouser le prince héritier de Torelore ; déguisée en jongleur, jouant de la vielle, avant de retrouver son exceptionnelle beauté pour accueillir Aucassin, assise sur un coussin de soie.

L'habileté de l'auteur a été d'enserrer, entre une esquisse (v) et des rappels (xv, xxi, xxiii), un portrait détaillé de Nicolette (xii), poncif, certes, de la littérature médiévale [1], mais où il introduit des variantes significatives qui restituent la femme dans toute la splendeur de son corps et qui accordent une place privilégiée aux lèvres, *levrettes vremellettes plus que*

---

1. Dont on trouvera une étude dans notre *Adam de la Halle à la recherche de lui-même*, Paris, SEDES, 1972.

n'est cerise ne rose el tans d'esté [1], aux seins, à *ses mamelettes dures qui li souslevoient sa vesteure aussi con ce fuissent deux noïs gauges* [2], à sa taille fine que l'on pourrait tenir entre ses deux mains, à ses jambes et à ses pieds d'une blancheur immaculée. Un peu plus loin (XIV), il sera question de ses yeux, du bout de son sein, de l'orteil de son pied. Cette apothéose de la femme demeure très chaste, même si la sensualité est plus nette dans la dernière partie qui évoque la douceur de l'étreinte (XXXIII) et la force du désir (XXXVII).

L'amour — l'auteur ne se lasse pas de répéter les mots *amie* et *aimer* — le corps de la femme assurent le salut de l'homme. C'est le leitmotiv qui scande l'œuvre et la justifie, encore qu'il s'agisse d'un thème emprunté que l'on retrouve dans *Floire et Blancheflor*, dans *Protésilaus* et *Meraugis* [3], et que le contexte présente souvent avec humour. Dès la première strophe, il est affirmé que le récit de ce grand amour est capable de rendre la santé aux malades; de voir la jambe de Nicolette guérit complètement le pèlerin; l'héroïne se compare elle-même à une bête de grand prix, à un trésor inestimable dont la vertu est telle qu'*Aucassins ert* (sera) *garis de son mehaing*, et ce dernier mot est très fort puisqu'il désigne aussi bien une blessure qu'une mutilation ou une infirmité : sans la femme, l'homme n'est qu'un être imparfait et mutilé. Nicolette, enfin, remettra en place l'épaule d'Aucassin, tombé malencontreusement de cheval : il semble que cette chute étonnante ne soit là que pour introduire le motif symbolique de la guérison et signaler, de nouveau, l'intensité de l'amour du héros.

Sainte autant par son don de guérir que par la luminosité de son visage, Nicolette, « source débordante de grâce et de miséricorde, ... chair bénie d'où rayonnent le salut et la lumière » (K. Rogger), éclaire

---

1. On remarquera la double image et le double diminutif.
2. A noter le pluriel *mamelettes*, plus concret que le mot *pis*, et l'image originale.
3. Ph. Ménard, *op. cit.*, pp. 640-641.

par sa présence le bois des pastoureaux (XXII); son absence engendre la désolation non seulement chez Aucassin que la fête organisée par son père n'arrive pas à distraire, mais aussi dans toute la contrée où se répand sur-le-champ le bruit de sa disparition.

Est-ce seulement pour suggérer la naïveté des pastoureaux que le conteur rapporte, par deux fois, qu'ils ont cru voir une fée (XVIII, XXII) ? Est-ce seulement pour exalter sa beauté que le poète la peint pieds nus dans la rosée ? Le folklore nous apprend que les sorcières ou celles qui veulent être belles ou rajeunies se roulent dans la rosée de mai; qu'à Brantôme, en Périgord, on l'utilise comme produit de beauté pour le visage, les mains, le corps, sans compter qu'elle est liée à force pratiques de sorcellerie[1]. Que signifie le motif de la fille-biche[2] que la chantefable reprend de façon si originale, de la biche qui conduit le pauvre berger vers un trésor caché ou le chevalier vers la fée de la source ? L'étoile plus brillante que les autres, qui est Vénus, guide l'homme vers la femme salvatrice qui tire sa puissance bénéfique de son contact constant avec les forces de la nature[3].

Aussi croyons-nous que le fameux épisode de la « couvade » n'est pas seulement burlesque. Attribué par Strabon aux Ibères, retrouvé chez les Scythes, signalé par Marco Polo dans la province de Zardandan[4], cet usage existe encore dans les tribus indiennes de Guyane, comme le rapporte Bruno Bettelheim

---

1. Voir notre *Adam de la Halle à la recherche de lui-même*, Paris, SEDES, 1972.

2. Voir notre note à propos du morceau XVIII.

3. Notons le rôle important des femmes dans la chantefable : Aucassin est réprimandé par sa mère, la femme du roi de Torelore commande l'armée, la vicomtesse de Beaucaire aide Nicolette à réaliser ses desseins.

4. *Le Livre de Marco Polo*, traduit par A. t'Serstevens, Paris, 1963, p. 142 : « Quand les femmes ont enfanté, elles lavent l'enfant, le mettent dans les langes, puis se lèvent et s'occupent du ménage, pendant que le mari se met au lit avec l'enfant près de lui, et reste couché pendant quarante jours; et tous ses parents et amis le viennent voir et lui font grande joie et grand soûlas. Ils font cela parce qu'ils disent que, si la femme a enduré grand travail, il est raisonnable que l'homme en souffre aussi sa part. »

dans les *Blessures symboliques* : à la naissance d'un enfant, « la femme travaille comme d'habitude et, quelques heures avant la délivrance, se rend avec les autres femmes dans la forêt où s'effectue l'accouchement. Quelques heures plus tard, elle se lève et retourne à son travail... Dès que l'enfant est né, le père s'installe dans son hamac, s'abstient de tout travail, de viande et de nourriture à l'exception d'une bouillie claire de farine de manioc. Il ne fume pas, ne se lave pas, et surtout, évite de toucher toute arme. Les femmes de la tribu prennent soin de lui et le nourrissent. Cet état se prolonge pendant des jours et parfois des semaines. » A la suite de ce psychanalyste, ne faudrait-il pas y voir, comme dans de nombreux rites d'initiation (circoncision, subincision...), une recherche et une simulation de la féminité, « un hommage rendu par l'homme dépourvu de mystère à la femme et à la mère, riches des secrets les plus magiques de leur univers » (N. Bensaïd) ?

L'amour mérite donc qu'on lui subordonne tout. Liens familiaux : Aucassin, qui a refusé d'obéir à ses parents et de défendre Beaucaire, n'hésiterait pas à sacrifier toute sa famille[1] pour retrouver Nicolette; celle-ci, de retour parmi les siens, ne pense qu'à les quitter pour rejoindre Aucassin. Grandeur et honneur chevaleresques : le héros accorde plus d'importance à un baiser de Nicolette qu'à la fidélité au lignage ou à la lutte contre les mécréants. Eclat de la vie sociale : il préfère la petite esclave sarrasine à n'importe quelle fille de roi ou de comte; elle renonce pour Aucassin aux agréments d'une vie de fête à la cour de Torelore et se laisserait brûler plutôt que d'épouser le plus puissant prince païen. Salut éternel : Aucassin, qui, dans une tirade d'un humour désinvolte, choisit l'enfer avec Nicolette, se suiciderait si sa bien-aimée partageait la couche d'un autre.

---

1. Au contraire de son homologue de *Floire et Blancheflor*, Aucassin ne verse pas une larme quand il apprend la mort de ses parents.

La vivacité de la langue [1] pétillante d'esprit et de verve, la finesse de la parodie, la délicatesse du pastiche, le bon goût dans la dérision, la malice souriante qui perce sous l'émotion, la gaieté teintée de tendresse, l'humour diffus du conteur mettent en valeur, plutôt qu'ils n'étouffent, le lyrisme pénétrant et l'exquise poésie de ce petit chef-d'œuvre, dont il faut se garder de grossir les traits et d'accentuer les intentions, et qui ne cesse d'exercer sur nous sa séduction, témoin la récente « action musicale » de G. Massias, les *Nouveaux racontars d'Agassin et Virelette*, parodie d'une parodie [2], servie par des acteurs-musiciens, unissant l'ancien français à l'argot moderne, les cromornes, les flûtes à bec et les bombardes aux techniques les plus audacieuses de la musique moderne [3].

Jean DUFOURNET.

1. Eclatante dès que l'on compare la chantefable à *Floire et Blancheflor*.

2. Déjà, en 1780, avait été publié un *Marcassin et Tourlourette, parodie en trois actes*.

3. Il m'est agréable de remercier mon collègue et ami, A. Micha, dont les remarques m'ont permis d'améliorer ces pages.

BIBLIOGRAPHIE

I. ÉDITIONS :

Deux sont à retenir, plusieurs fois rééditées :

celle d'Hermann Suchier, *Aucassin und Nicolette*, kritischer Text mit Paradigmen und Glossar (de 1878 à 1913), revue et améliorée par W. Suchier en 1921 et 1932;

celle de Mario Roques, *Aucassin et Nicolette, chantefable du XIIIe siècle* (1925, 1936, 1955) dans *les Classiques français du Moyen Age*, n° 41, Paris, Champion.

II. TRADUCTIONS ET ADAPTATIONS :

Parmi celles que nous ont données des auteurs aussi divers que Sainte-Palaye (1752 et 1756), G. Michaut (1901 et 1929), Gailly de Taurines (1911), M. Coulon (1933) et G. Cohen (1954), on retiendra surtout celle d'A. Pauphilet dans ses *Contes du Jongleur*, Paris, Piazza, 1932 (p. 93-172). Ce livre a été réédité sans changement en 1965 sous le titre d'*Aucassin et Nicolette*.

III. ÉTUDES :

Nous nous bornons à mentionner ici un choix d'études à caractère général. Nous signalons en note celles qui ne portent que sur un terme ou un épisode de la chantefable.

E. DUBRUCK, *The Audience of Aucassin et Nicolette : Confidant, Acconplice and Judge of its Author*, dans *Michigan Academician*, t. V, 1972, p. 193-210.

E. FARAL, *Recherches sur les sources latines des contes*

et romans courtois du Moyen Age, Paris, Champion, 1913. Réimprimé en 1967.

M. FÜLOP, *Style rhétorique et style populaire dans les portraits d'Aucassin et Nicolette*, dans *Annales Universitatis Scientiarum Budapestinensis de Rolando Eötvös nominatae, Sectio philologica moderna*, t. II, 1971, p. 59-70.

P. GUIRAUD, *L'Opposition actuel-virtuel. Remarques sur l'adverbe de négation dans Aucassin et Nicolette*, dans les *Mélanges M. Delbouille*, Gembloux, Duculot, 1964, t. I, p. 295-306.

R. HARDEN, *Aucassin et Nicolette as parody*, dans *Study in Philology*, t. LXIII, 1966, p. 1 sq.

T. HUNT, *La Parodie médiévale : le cas d'Aucassin et Nicolette*, dans *Romania*, t. C, 1979, p. 341-381.

O. JODOGNE, *La Parodie et le pastiche dans Aucassin et Nicolette*, dans les *Cahiers de l'Association internationale des Etudes françaises*, n° 12, 1960, p. 53-65. *Aucassin et Nicolette. Clarisse et Florent*, dans les *Mélanges J. Frappier*, Genève, Droz, 1970, t. I, p. 453-481.

P. LE RIDER, *La Parodie d'un thème épique : le combat sur le gué dans Aucassin et Nicolette*, dans *Mélanges René Louis*, Saint-Père-sous-Vézelay, 1982, p. 1225-1234.

M. LOT-BORODINE, *Le Roman idyllique au Moyen Age*, Paris, 1913, p. 75-134.

C. MELA, *C'est d'Aucassin et Nicolette*, dans *Blanchefleur et le saint homme ou la semblance des reliques*, Paris, Le Seuil, 1979, p. 47-73.

P. MÉNARD, *La Composition d'Aucassin et Nicolette*, dans les *Mélanges J. Wathelet-Willem*, Liège, 1978, p. 413-432.

P. MÉNARD, *Le Rire et le sourire dans le roman courtois en France au Moyen Age (1150-1250)*, Genève, Droz, 1969.

A. MICHA, *En relisant Aucassin et Nicolette*, dans *Le Moyen Age*, 1959, p. 279-292.

S. MONSENEGO, *Etude stylo-statistique du vocabulaire des vers et de la prose dans la chantefable Aucassin et Nicolette*, Paris, Klincksieck, 1966.

A. PAUPHILET, *Aucassin et Nicolette* dans *Le Legs du Moyen Age*, Melun, d'Argences, 1950, p. 239-248.

C. REGNIER, « *Le mellor de mes bues, Roget, le mellor de me carue* » *(Aucassin et Nicolette, éd. M. Roques, XXXIV, 51-52)*, dans *Mélanges J. Frappier*, Genève, Droz, 1970, t. II, p. 935-943.

K. ROGGER, *Etude descriptive de la chantefable Aucassin et Nicolette* dans *Zeitschrift für romanische Philologie*, t. LXVII, 1951, p. 409-457, et t. LXX, 1954, p. 1-58.
[Compte rendu de M. Roques dans *Romania*, 1955, p. 113-119.]

B. N. SARGENT, *Parody in Aucassin et Nicolette*, dans *French Review*, t. XLIII, 1970, p. 591-605.

D. SCHELUDKO, *Zur Entstehungsgeschichte von Aucassin et Nicolette*, dans *Zeitschrift für romanische Philologie*, t. XLII, 1922, p. 458-490.

N. B. SMITH, *The Uncourtliness of Nicolette*, dans *Voices of Conscience. Essays... in Memory of James D. Powell and Rosemary Hodgins*, Philadelphie, 1977, p. 169-182.

L. SPITZER, *Le vers 2 d'Aucassin et Nicolette*, dans *Romanische Literaturstudien 1936-1956*, Tübingen, 1959, p. 49-63.

I. SZABICS, *Moyens syntaxiques de l'expressivité poétique dans le chantefable Aucassin et Nicolette*, dans *Acta Litteraria Scientiarum Hungaricae*, t. XVII, 1975, p. 427-441.

T. S. THOMOV, *Les Groupements de substantifs, verbes et adjectifs et leurs effets rythmiques dans les strophes d'Aucassin et Nicolette*, dans les *Mélanges M. Roques*, t. IV, 1952.

H. TIEMAN, *Die Entstehung der mittelalterlichen Novelle in Frankreich*, Hambourg, 1961.

J. TROTTIN, *Vers et Prose dans Aucassin et Nicolette*, dans *Romania*, t. XCVII, 1976, p. 481-508.

E. VANCE, *The Word at Heart : Aucassin et Nicolette as a Medieval Comedy of Language*, dans *Yale French Studies*, t. XLV, 1970, p. 33-51.

Pour d'autres renseignements, on se reportera à l'excellent *Aucassin et Nicolette : a critical bibliography* de Barbara Nelson SARGENT-BAUR et de Robert Francis COOK, Londres, Grant and Cutler Ltd, 1981 (*Research Bibliographies and Checklists*, 35).

Signalons enfin que Jean-Luc JEENER a tiré de la chantefable une « comédie-opérette », *La Belle Sarrasine*, qui a été jouée avec un grand succès par la Compagnie de l'Elan, en 1979-1980, au Théâtre 13 à Paris.

NOTE LIMINAIRE

I. En préparant ce petit livre, nous avons pensé à plusieurs catégories de lecteurs. D'abord, nous avons voulu mettre à la disposition du grand public cette belle et fine histoire d'amour; aussi l'avons-nous accompagnée d'une traduction et publiée dans une collection à grande diffusion. Ensuite, nous avons cherché à donner un instrument de travail tant aux élèves des lycées qu'aux étudiants des facultés. C'est pourquoi, pour établir le texte d'*Aucassin et Nicolette*, nous avons, fidèle aux recommandations de J. Bédier, M. Roques et F. Lecoy, suivi scrupuleusement le manuscrit français 2168 de la Bibliothèque nationale, manuscrit d'ailleurs unique. Quand nous n'avons pas conservé le texte du manuscrit, nous l'avons indiqué en note. Toutes les fois que nous avons introduit un mot ou une lettre, nous l'avons signalé par des crochets. Nous avons, en outre, ajouté des notes, relatives avant tout à la civilisation du Moyen Age et à l'histoire du vocabulaire français.

II. Ce travail n'aurait pu être mené à son terme sans les recherches et les efforts de nos prédécesseurs, en particulier de Gaston Paris, d'H. et W. Suchier, de Mario Roques : il nous est très agréable de confesser notre dette à leur égard. Nous n'oublions pas non plus les commentateurs qui se sont attachés à révéler les intentions de l'auteur et les mérites de son œuvre : nous avons plaisir à remercier tout spécialement deux de nos collègues et amis, A. Micha et O. Jodogne.

III. Voici maintenant quelques brèves remarques relatives à la langue, pour aider le lecteur à se familiariser avec le texte.

Tout d'abord, rappelons qu'en ancien français, *x* est une graphie de *-us* et que, devant consonne, *l* représente un *u* :

>   *biax* = *biaus* (c'est notre *beaux*).
>
>   *ex* = *eus*, « yeux ».
>
>   *andex* = *andeus*, « les deux ».
>
>   *molt* = *mout*, « beaucoup ».

Ensuite, quelques traits du picard que l'on retrouve dans *Aucassin et Nicolette*.

A. Phonétique.

1. *K* explosif devant *e* ou *i* en latin, *t* explosif devant *yod*, *k* devant *yod* ont donné [ts] puis [s] en francien, [tch] puis [ch] en picard (écrit *c* ou *ch*) :

>   *cité* / *chité*
>
>   *cent* / *chent*
>
>   *glace* / *glache*...

2. *K* explosif devant *a* en latin a donné [tch] puis [ch] en francien, mais est demeuré [k] en picard; *g* devant *a* a donné [dj] puis [j] en francien, restant [g] en picard :

>   *chier* / *cier* « cher »
>
>   *chief* / *cief* « chef »
>
>   *cheval* / *ceval*
>
>   *chevaucha* / *cevauca*
>
>   *chauciés* / *cauciés* « chaussés »
>
>   *chastel* / *castel* « château »
>
>   *bacheler* / *baceler* « bachelier »
>
>   *jambe* / *ganbe*...

3. En picard, pas de *b* ni de *d* intercalaires, épenthétiques, entre *m* et *l*, *n* et *r*, *l* et *r* :

>   *asamblent* / *asanlent* « assemblent »
>
>   *tendront* / *tenront* « tiendront »...

Mais, entre *m* et *r*, nous avons *b* en picard comme en francien :

>   *chambre* / *canbre*.

4. Par différenciation, *ou* est devenu *au* en picard :

>   *voudroit* / *vauroit*

> *coupe | caupe*
> *vout | vaut* « voulut »...

5. Réduction des diphtongues et des triphtongues :

> *ie → e   levrier | levrer*
> *ie → i   chievres | civres* « chèvres »
> *iee → ie   baisiee | baisie* « baisée »
> *ei → i   conoissiez | conissiés* « connaissez »
> *ieu → iu   Dieu | Diu; lieu | liu; viex, vieus |*
> *   vix, vius...*

6. Disparition de *p* ou *b* derrière *u* et devant *l* :

> *afublés | afulés*
> *peuple | pules...*

7. Les groupes du latin *-ilis*, *-ilius* et *-ivus* aboutissent à *-ius* en picard et à *-is* ou *-iz* en francien :

> *fiz | fius, fix*, « fils »
> *gentis | gentius, gentix...* « gentil »

B. *Morphologie.*

1. L'article féminin singulier est identique au masculin : *le messe, le vile, le fille...;* au cas sujet singulier, on a *li : li vielle dormait.*

2 *a.* Le picard a un pronom personnel féminin *le,* identique au masculin, au lieu de *la* comme en francien : *se il le pooient prendre* « s'ils pouvaient la prendre »...

b. Les formes toniques du picard sont *jou* (francien : *gié, je*), *mi (moi), ti (toi), aus (eus, ex,* « eux ») : *aveuc mi,* « avec moi »; *ja n'i fieres tu home ni autres ti,* « à supposer que tu ne frappes personne ni les autres toi »; *si s'enbati sor aus,* « elle se précipita sur eux »...

3 *a.* Aux formes franciennes *mon, ton, son,* correspondent en picard *men, ten, sen : men pere; ten pere...*

b. A *ma, ta, sa,* répondent *me, te, se : en me borse, defen te tere...*

c. No et *vo* remplacent *nostre* et *vostre : no pain, vo lit...*

d. Miue, tiue, siue sont employés à la place de *meie, moie, toue, teue* (ou *toie*), *soue, seue* (ou *soie*) : *te tere et le miue* « ta terre et la mienne »; *il li met se main en la siue...*

4. Le démonstratif pluriel *ciaus, chiaus* du picard

correspond au francien *ceus* « ceux » : *avec ciax voil jou aler*, « avec ceux-là je veux aller »...

5. A la première personne du singulier du présent ou du passé simple de l'indicatif, on a souvent la désinence *c*, phonétique ou analogique : *fac*, « je fais », *senc* « je sens », *siec* « je m'assieds », *buc* « je bus »...

6. A la troisième personne du pluriel du passé simple, le picard présente des formes en -*s*-, -*ss*- : *fisent* (*firent* en francien), *missent* (*misdrent, mistrent, mirent* en francien), *prissent* (*prisdrent, prirent*), *sissent* (*sistrent*)...

7. Maintien au subjonctif imparfait de -*s*- intervocalique : *presist*, en face de *preïst* en francien, *prît* en français moderne; *desisiens*, en face de *deïssiens* en francien, *dissions* en français moderne.

AUCASSIN ET NICOLETTE

I

l'ouïe = hearing

   Qui vauroit bons vers oïr
del deport[1] du viel antif
de deus biax enfans petis[2],
Nicholete et Aucassins,
5 des grans paines qu'il soufri
et des proueces qu'il fist
por s'amie o le cler vis[3] ?
Dox est li cans, biax li dis[4]
et cortois et bien asis :
10 Nus hom n'est si esbahis,
tant dolans ni entrepris,
de grant mal amaladis,
se il l'oit, ne soit garis
et de joie resbaudis,
15   tant par est douce[5].

I

→ comme du théâtre

Qui veut entendre de bons vers
que, pour se divertir, un vieux bonhomme écrivit
sur deux beaux jeunes gens,
Nicolette et Aucassin,

5   sur les tourments que souffrit celui-ci
et les exploits qu'il accomplit
pour son amie au lumineux visage ?
Si la mélodie est douce, le texte est beau,
fin et bien composé.

10 Personne n'est si abattu,
si affligé et mal en point,
si gravement malade
qu'il ne recouvre, à l'entendre, santé,
joie et vigueur,

15 tant l'histoire est d'une grande douceur.

II

OR DIENT ET CONTENT ET FABLENT [1]

que li quens Bougars de Valence faisoit guere au
conte Garin de Biaucaire si grande et si mervelleuse
et si mortel qu'il ne fust uns seux jors ajornés qu'il ne
fust as portes et as murs et as bares de le vile a cent
5 cevaliers et a dis mile sergens [2] a pié et a ceval, si li
argoit [3] sa terre et gastoit son païs et ocioit ses homes.

Li quens Garins de Biaucaire estoit vix et frales, si
avoit son tans trespassé [4]. Il n'avoit nul oir, ne fil ne
fille, fors un seul vallet [5]. Cil estoit tex con je vos dirai.

10 Aucasins avoit a non li damoisiax [6]. Biax estoit et
gens et grans et bien tailliés de ganbes et de piés et
de cors et de bras. Il avoit les caviax blons et menus
recercelés [7] et les ex vairs [8] et rians et le face clere et
traitice et le nes haut et bien assis. Et si estoit enteciés
15 de bones teces qu'en lui n'en avoit nule mauvaise se
bone non. Mais si estoit soupris d'Amor, qui tout vaint,
qu'il ne voloit estre cevalers, ne les armes prendre,
n'aler au tornoi, ne fare point de quanque il deust.

Ses pere et se mere li disoient :
20 « Fix, car pren tes armes, si monte el ceval, si deffent
te terre et aïe [9] tes homes [10] : s'il te voient entr'ex, si
defenderont il mix lor cors et lor avoirs et te tere et
le miue.

II

PARLÉ : RÉCIT ET DIALOGUE

Le comte Bougar de Valence livrait au comte Garin de
Beaucaire une guerre si violente, si effroyable et si
mortelle qu'il ne se levait aucun jour sans qu'il se
présentât aux portes, aux murs, aux barrières de la
5 ville avec cent chevaliers et dix mille sergents à pied
et à cheval : il lui brûlait sa terre, dévastait son pays,
tuait ses gens.

Le comte Garin de Beaucaire était un vieillard fati-
gué qui avait fait son temps. Il n'avait nul héritier, fils
10 ou fille, à l'exception d'un seul garçon dont voici le
portrait.

Ce jeune seigneur s'appelait Aucassin. Beau, élégant,
grand, il avait les jambes, les pieds, le corps et les
bras bien faits. Ses cheveux étaient blonds et très bou-
15 clés, ses yeux vifs et rieurs, son visage lumineux et
allongé, son nez haut et bien planté. Il était doué de
tant de qualités qu'il n'y avait place en lui pour aucun
défaut ; mais Amour, le souverain maître, s'était emparé
de lui à un point tel qu'il ne voulait pas être fait che-
20 valier, ni prendre les armes, ni aller au tournoi, ni
accomplir aucun de ses devoirs.

Son père et sa mère lui disaient :

« Cher fils, prends donc les armes, monte à cheval,
défends ta terre, aide tes sujets. S'ils te voient au milieu
25 d'eux, ils en défendront mieux leurs personnes et leurs
biens, ta terre et la mienne.

— Pere, fait Aucassins, qu'en parlés vos ore ? Ja
25 Dix ne me doinst riens que je li demant, quant ere
cevaliers [11], ne monte a ceval, ne que voise a estor ne
a bataille, la u je fiere cevalier ni autres mi, se vos ne
me donés Nicholete me douce amie que je tant aim.

— Fix, fait li peres, ce ne poroit estre. Nicolete laise
30 ester [12], que ce est une caitive [13] qui fu amenee d'estrange [14] terre, si l'acata li visquens de ceste vile as
Sarasins, si l'amena en ceste vile, si l'a levee [15] et bautisie et faite sa fillole, si li donra un de ces jors un baceler [16] qui du pain li gaaignera par honor : de ce n'as
35 tu que faire. Et se tu fenme vix avoir, je te donrai le
file a un roi u a un conte : il n'a si rice [17] home en
France, se tu vix sa fille avoir, que tu ne l'aies.

— Avoi, peres, fait Aucassins, ou est ore si haute
honers en terre, se Nicolete ma tresdouce amie l'avoit,
40 qu'ele ne fust bien enploiie en li ? S'ele estoit enpereris
de Colstentinoble u d'Alemaigne, u roine de France
u d'Engletere, si aroit il assés peu en li, tant est france [18]
et cortoise et de bon aire [19] et entecie de toutes bones
teces [20]. »

— Père, fait Aucassin, que racontez-vous là ? Que
Dieu me refuse tout ce que je peux lui demander si
j'accepte, une fois chevalier, de monter à cheval, de
30 prendre part à des combats et à des batailles où
j'échange des coups avec des chevaliers, sans que vous
m'accordiez d'épouser Nicolette, ma douce amie que
j'aime tant !

— Fils, reprend le père, cela ne saurait être. Renonce
35 à Nicolette : c'est une captive, ramenée d'une terre
étrangère, que le vicomte de cette ville acheta aux Sarrasins et qu'il amena ici ; il l'a tenue sur les fonts baptismaux et l'a fait baptiser : elle est devenue sa filleule ;
bientôt, il lui donnera pour époux un jeune homme
40 qui lui gagnera honorablement de quoi manger. Cela
ne te concerne pas. Mais si tu veux prendre femme, je
te donnerai la fille d'un roi ou d'un comte : il n'est pas
en France d'homme si puissant dont tu n'aies la fille
si tu le désires.

45 — Allons donc ! Père, répond Aucassin, où se trouve
à cette heure, sur terre, une dignité assez élevée pour
que Nicolette, ma très douce amie, ne la méritât pas,
si elle l'avait ? Si elle était impératrice de Constantinople ou d'Allemagne, reine de France ou d'Angle-
50 terre, encore serait-ce trop peu pour elle, tellement elle
est noble, courtoise, généreuse, douée de toutes les
qualités.

III

OR SE CANTE

Aucassins fu de Biaucaire,
d'un castel de bel repaire[1].
De Nicole le bien faite
nuis[2] hom ne l'en puet retraire,
5   que[3] ses peres ne l'i laisse
et sa mere le manace :
« Di va! faus[4], que vex tu faire ?
— Nicolete est cointe[5] et gaie.
— Jetee fu de Cartage[6],
10   acatee fu d'un Saisne[7].
Puis qu'a moullié[8] te vix traire,
pren femme de haut parage.
— Mere, je n'en puis el[9] faire :
Nicolete est de boin aire;
15   ses gens[10] cors et son viaire,
sa biautés le cuer m'esclaire[11].
Bien est drois que s'amor aie,
    que trop est douc. »

III

CHANTÉ

Aucassin était de Beaucaire,
un château d'agréable séjour.
De Nicole qui est faite à ravir,
personne ne peut le détacher :
5 son père ne lui refuse-t-il pas son accord ?
sa mère ne le menace-t-elle pas ?
« Allons, fou, que veux-tu faire ?
— Nicolette est gracieuse et gentille.
— Mais elle fut chassée de Carthagène
10 et achetée à un Saxon.
Si tu veux te marier,
choisis une femme de haut rang.
— Mère, je ne puis agir autrement :
Nicolette est de bonne naissance;
15 son corps charmant, son visage,
sa beauté soulagent mon cœur de toute peine.
Il n'est que juste que je l'aime,
car elle est la douceur même.

IV

OR DIENT ET CONTENT ET FLABLENT

Quant li quens Garins de Biaucare vit qu'il ne poroit
Aucassin son fil retraire des amors Nicolete, il traist
au visconte de le vile qui ses hon estoit, si l'apela :

« Sire quens, car ostés Nicolete vostre filole ! Que
5 la tere soit maleoite [1] dont ele fut amenee en cest païs !
C'or par li pert jou Aucassin, qu'il ne veut estre cevaliers, ne faire point de quanque faire doie. Et saciés
bien que, se je le puis avoir [2], que je l'arderai en un fu,
et vous meismes porés avoir de vos tote peor [3].

10   — Sire, fait li visquens, ce poise moi qu'il i va ne
qu'il i vient ne qu'il i parole. Je l'avoie acatee de mes
deniers, si l'avoie levee et bautisie et faite ma filole,
si li donasse un baceler qui du pain li gaegnast par
honor : de ce n'eust Aucassins vos fix que faire. Mais
15 puis que vostre volentés est et vos bons, je l'envoierai
en tel tere et en tel païs que ja mais ne le verra de ses
ex.

      — Ce gardés vous [4] ! fait li quens Garins : grans
maus vos en porroit venir. »
20   Il se departent. Et li visquens estoit molt rices hom,
si avoit un rice palais par devers un gardin. En une

IV

PARLÉ : RÉCIT ET DIALOGUE

Quand le comte Garin de Beaucaire eut compris qu'il ne pourrait arracher son fils Aucassin à l'amour de Nicolette, il se rendit chez le vicomte de la ville qui était son vassal, et l'interpella :

5 « Sire comte, éloignez donc Nicolette votre filleule ! Que soit maudite la terre d'où elle fut amenée en ce pays-ci ! Car à cette heure, par sa faute, je perds Aucassin, qui ne veut pas être chevalier, ni accomplir aucun de ses devoirs. Aussi soyez convaincu que, si je peux

10 l'attraper, je la brûlerai en un bûcher, et vous-même pourrez craindre pour votre vie.

— Sire, répondit le vicomte, je n'aime pas qu'Aucassin aille et vienne pour la voir, ni qu'il lui adresse la parole. Je l'avais achetée de mes deniers ; je l'avais

15 tenue sur les fonts baptismaux et fait baptiser : elle était devenue ma filleule, et je comptais lui donner pour mari un jeune homme qui lui aurait honorablement gagné de quoi vivre : cela ne devait pas concerner votre fils Aucassin. Mais, puisque vous le voulez et le dési-

20 rez, je l'enverrai dans une terre telle et dans un tel pays qu'il ne la verra plus jamais.

— Veillez-y donc, dit le comte Garin : il pourrait vous en arriver un grand malheur. »

Ils se séparent. Très fortuné, le vicomte possédait un

25 somptueux palais qui donnait sur un jardin. Il ordonna

canbre la fist metre Nicolete en un haut estage et une
vielle aveuc li por conpagnie et por soisté[5] tenir, et
s'i fist metre pain et car et vin et quanque mestiers lor
25 fu. Puis si fist l'uis[6] seeler c'on n'i peust de nule part
entrer ne iscir[7], fors tant qu'il i avoit une fenestre par
devers le gardin assés petite dont il lor venoit un peu
d'essor[8].

d'installer Nicolette dans une chambre, à un étage
élevé, en compagnie d'une vieille femme qui partage-
rait sa vie; il ordonna d'y porter du pain, de la viande,
du vin et tout le nécessaire; puis il fit sceller la porte
30 afin que d'aucun côté on n'y pût entrer ni sortir : seule,
une très petite fenêtre, ouverte sur le jardin, leur pro-
curait un peu d'air.

V

OR SE CANTE

 Nicole est en prison mise
en une canbre vautie [1],
ki faite est par grant devisse,
panturee a miramie [2].
5 A la fenestre marbrine
la s'apoia la mescine [3].
Ele avoit blonde la crigne [4]
et bien faite la sorcille,
la face clere et traitice :
10 ainc plus bele ne veïstes.
Esgarda par le gaudine [5]
et vit la rose espanie
et les oisax qui s'ecrient [6],
dont se clama orphenine [7] :
15 « Ai mi! lasse [8] moi, caitive!
por coi sui en prison misse ?
Aucassins, damoisiax sire,
ja sui jou li vostre amie
et vos ne me haés [9] mie!
20 Por vos sui en prison misse
en ceste canbre vautie
u je trai molt male vie;
mais, par Diu le fil Marie,
longement n'i serai mie,
25 se jel puis far[e]. »

V

CHANTÉ

Nicole est emprisonnée
dans une chambre voûtée,
habilement conçue
et ornée de merveilleuses peintures.
5   A la fenêtre de marbre
s'est appuyée la jeune fille :
sa chevelure est blonde,
ses sourcils bien dessinés,
son visage lumineux et fin :
vous n'en avez jamais vu de plus belle.
Elle regarda dans le parc :
quand elle vit la rose épanouie
et les oiseaux qui criaient,
elle se plaignit alors de son malheur :
15   « Hélas! misérable captive que je suis!
Pourquoi suis-je prisonnière ?
Aucassin, mon jeune seigneur,
oui, je suis votre amie,
et vous, vous ne me haïssez pas!
20   C'est pour vous que je suis prisonnière
dans cette chambre voûtée
où je vis des jours abominables;
mais, par Dieu le fils de Marie,
je n'y resterai pas longtemps,
25   si je puis réaliser mon dessein. »

VI

OR DIENT ET CONTENT ET FABLENT

Nicolete fu en prison, si que vous avés oï et entendu [1], en le canbre. Li cris et le noise [2] ala par tote le terre et par tot le païs que Nicolete estoit perdue : li auquant dient qu'ele est fuie fors de la terre, et li auquant dient que li quens Garins de Biaucaire l'a faite mordrir [3]. Qui qu'en eust joie, Aucassins n'en fu mie liés, ains traist au visconte de la vile, si l'apela :

« Sire visquens, c'avés vos fait de Nicolete ma tres-douce amie, le riens [4] en tot le mont que je plus amoie ? Avés le me vos tolue ne enblee ? Saciés bien que, se je en muir, faide vous en sera demandee; et ce sera bien drois, que vos m'arés ocis a vos deus mains, car vos m'avés tolu la riens en cest mont que je plus amoie.

— Biax sire, fait li quens, car laisciés ester. Nicolete est une caitive que j'amenai d'estrange tere, si l'acatai de mon avoir a Sarasins, si l'ai levee et bautisie et faite ma fillole, si l'ai nourie, si li donasce un de ces jors un baceler qui del pain li gaegnast par honor : de ce n'avés vos que faire. Mais prendés le fille a un roi u a un conte. Enseurquetot, que cuideriés vous

VI

PARLÉ : RÉCIT ET DIALOGUE

Comme vous l'avez entendu, Nicolette était emprisonnée dans la chambre. Par toute la contrée et par
tout le pays se répandirent le bruit et la nouvelle que
Nicolette était perdue; certains disaient qu'elle s'était
5 enfuie de la contrée, d'autres que le comte de Beaucaire l'avait fait tuer. S'il y en eut que la rumeur réjouit,
Aucassin n'en fut pas heureux, mais il se rendit chez
le vicomte de la ville et l'interpella :

« Sire vicomte, qu'avez-vous fait de Nicolette, ma
10 très douce amie, l'être au monde que j'aimais le plus ?
Me l'avez-vous enlevée et volée ? Soyez persuadé que,
si j'en meurs, il vous en sera demandé compte, et ce
ne sera que justice, puisque vous m'aurez tué de vos
deux mains en m'enlevant l'être de ce monde que j'ai
15 mais le plus.

— Cher seigneur, répondit le vicomte, renoncez-y.
Nicolette est une captive que j'ai ramenée d'une terre
étrangère; de mon argent je l'ai achetée à des Sarrasins; je l'ai tenue sur les fonts baptismaux et fait bap
20 tiser : elle est devenue ma filleule; je l'ai élevée et je
comptais, un de ces jours, lui donner pour époux un
jeune homme qui pût honorablement lui gagner de
quoi vivre : cela ne vous concerne pas. Mais épousez
plutôt la fille d'un roi ou d'un comte. Surtout, quel

avoir gaegnié, se vous l'aviés asognentee ne mise a
vo lit ? Mout i ariés peu conquis, car tos les jors du
siecle en seroit vo arme [5] en infer, qu'en paradis n'en-
25 terriés vos ja.

— En paradis qu'ai je a faire ? Je n'i quier entrer,
mais que j'aie Nicolete ma tresdouce amie que j'aim
tant, c'en paradis ne vont fors tex gens con je vous
dirai. Il i vont ci viel prestre et cil viel clop [6] et cil
30 manke qui tote jor et tote nuit cropent devant ces
autex et en ces viés croutes [7], et cil a ces viés capes
ereses et a ces viés tatereles vestues, qui sont nu et
decauc et estrumelé, qui moeurent de faim et de soi
et de froit et de mesaises. Icil vont en paradis : aveuc
35 ciax n'ai jou que faire. Mais en infer voil jou aler,
car en infer vont li bel clerc [8], et li bel cevalier qui sont
mort as tornois et as rices gueres, et li buen sergant [9]
et li franc home : aveuc ciax voil jou aler. Et s'i vont
les beles dames cortoises que eles ont deus amis ou
40 trois avoc leur barons [10], et s'i va li ors et li argens et
li vairs et li gris [11], et si i vont herpeor et jogleor [12] et
li roi del siecle : avoc ciax voil jou aler, mais que j'aie
Nicolete ma tresdouce amie aveuc mi [13].

— Certes, fait li visquens, por nient en parlerés,
45 que ja mais ne le verrés; et se vos i parlés et vos peres
le savoit, il arderoit et mi et li en un fu, et vos meismes
porriés avoir toute paor.

— Ce poise moi », fait Aucassins; se se [14] depart
del visconte dolans.

25 gain vous imagineriez-vous avoir réalisé, si vous aviez
fait d'elle votre maîtresse et votre concubine ? C'eût
été pour vous un bien piètre profit, puisque, pendant
toute l'éternité, votre âme demeurerait en enfer, sans
jamais entrer en paradis.

30   — En paradis qu'ai-je à faire ? Je ne cherche pas à
y entrer, à condition que j'aie avec moi Nicolette ma
très douce amie que j'aime tant, car en paradis ne
vont que les gens que je vais vous énumérer. Ceux
qui y vont, ce sont ces vieux prêtres, ces vieux éclopés,
35 ces manchots qui, tout le jour et toute la nuit, restent
accroupis devant les autels et dans les vieilles cryptes,
et ceux qui portent de vieilles capes râpées et de vieilles
hardes, qui sont nus, sans souliers ni chausses, qui
meurent de faim, de soif, de froid et de misère. Tels
40 sont les gens qui vont en paradis : avec ceux-là je n'ai
rien à faire. Mais c'est en enfer que je veux aller, car
c'est en enfer que vont les beaux clercs, les beaux chevaliers morts dans les tournois ou les guerres écla-
tantes, les valeureux hommes d'armes et les nobles :
45 c'est avec ceux-là que je veux aller. Y vont aussi les
belles dames assez courtoises pour avoir deux amis ou
trois en plus de leur mari ; y vont aussi l'or et l'argent,
les fourrures de vair et de petit-gris ; y vont encore les
joueurs de harpe, les jongleurs, les rois de ce monde :
50 c'est avec ceux-là que je veux aller, à condition que
j'aie avec moi Nicolette ma très douce amie.

      — En vérité, reprit le vicomte, c'est en vain que
vous en parlerez, car jamais vous ne la verrez ; et, si
vous lui parliez et que votre père le sût, il nous brûle-
55 rait elle et moi sur un bûcher, et vous-même pourriez
craindre pour votre vie.

      — Que j'ai de peine ! dit Aucassin qui, en proie à
la douleur, quitta le vicomte.

VII

OR SE CANTE

Aucasins s'en est tornés
molt dolans et abosmés [1] :
De s'amie o le vis [2] cler
nus ne le puet conforter
5 ne nul bon consel doner.
Vers le palais est alés,
il en monta les degrés,
en une canbre est entrés,
si comença a plorer
10 et grant dol [3] a demener
et s'amie a regreter :
« Nicolete, biax esters [4],
biax venir et biax alers,
biax deduis [5] et dous parlers,
15 biax borders [6] et biax jouers [7],
biax baisiers, biax acolers [8],
por vos sui si adolés
et si malement menés
que je n'en cuit vis [9] aler,
20   suer, douce amie. »

VII

CHANTÉ

Aucassin s'en est retourné,
en proie à une très profonde douleur.
Au sujet de son amie au visage lumineux,
nul ne peut le réconforter,
5 ni lui donner un bon conseil.
Il s'est dirigé vers le palais
dont il a gravi les marches.
Il est entré dans une chambre
où il commença à pleurer
10 et à s'abandonner à sa douleur
et à regretter son amie :
« Nicolette, si belle lorsque vous êtes immobile,
si belle lorsque vous allez et venez,
si belle lorsque vous jouez, si douce lorsque vous parlez,
15 si belle lorsque vous plaisantez et badinez,
si belle lorsque vous m'embrassez et m'étreignez...
C'est pour vous que je suis si affligé
et si durement traité
que je ne crois pas y survivre,
20 ma sœur, ma douce amie. »

VIII

OR DIENT ET CONTENT ET FABLENT

Entreusque Aucassins estoit en le canbre et il regretoit Nicolete s'amie, li quens Bougars de Valence, qui
sa guerre avoit a furnir, ne s'oublia mie, ains ot mandé
ses homes a pié et a ceval, si traist[1] au castel por asa-
5 lir. Et li cris lieve et la noise, et li cevalier et li serjant
s'arment et qeurent as portes et as murs por le castel
desfendre, et li borgois montent as aleoirs[2] des murs,
si jetent quariax et peus aguisiés.

Entroeusque li asaus estoit grans et pleniers, et li
10 quens Garins de Biacaire vint en la canbre u Aucassins faisoit deul et regretoit Nicolete sa tresdouce amie
que tant amoit.
« Ha! fix, fait il, con par es caitis et maleurox, que
tu vois c'on asaut ton castel tot le mellor et le plus
15 fort; et saces, se tu le pers, que tu es desiretés. Fix, car
pren les armes et monte u ceval et defen te tere et
aiues tes homes et va a l'estor : ja n'i fieres tu home
ni autres ti, s'il te voient entr'ax, si desfenderont il mix
lor avoir et lor cors et te tere et le miue. Et tu ies si
20 grans et si fors que bien le pués faire, et farre le dois.

VIII

PARLÉ : RÉCIT ET DIALOGUE

Pendant qu'Aucassin, enfermé dans la chambre, regrettait Nicolette son amie, le comte Bougar de Valence, qui devait mener sa guerre, ne la négligeait pas, mais, après avoir convoqué ses fantassins et ses cavaliers, se dirigeait vers le château pour l'attaquer. Dès que s'élève le cri d'alarme, chevaliers et soldats s'arment et courent aux portes et aux murs pour défendre le château, les bourgeois montent au chemin de ronde des remparts d'où ils lancent des traits d'arbalète et des pieux aiguisés.

Pendant que l'assaut battait son plein, le comte Garin de Beaucaire vint dans la chambre où Aucassin s'abandonnait à la douleur et regrettait Nicolette sa très douce amie qu'il aimait tant.

« Ah ! fils, fait le père, te voilà le plus misérable et le plus infortuné des hommes, car tu vois qu'on attaque ton château le meilleur et le plus fort ; sache bien que, si tu le perds, tu perds tout ton héritage. Fils, prends donc les armes, monte à cheval, défends ta terre, aide tes hommes, va au combat : à supposer que toi-même ne donnes pas de coups et que les autres ne te frappent pas, tes sujets, en te voyant au milieu d'eux, défendront mieux leurs biens et leurs personnes, ta terre et la mienne. Et tu es si grand et si fort que tu peux bien le faire, et c'est ton devoir.

— Pere, fait Aucassins, qu'en parlés vous ore ? Ja
Dix ne me doinst riens que je li demant[3], quant ere
cevaliers, ne monte el ceval, ne voise en estor[4], la u
je fiere cevalier ne autres mi, se vos ne me donés Nico-
25 lete me douce amie que je tant aim.

— Fix, dist li pere, ce ne puet estre; ançois sosferoie
jo que je feusse tous desiretés et que je perdisse
quanques g'ai que tu ja l'euses a mollier ni a espouse. »

Il s'en torne; et quant Aucassins l'en voit aler, il le
30 rapela :
« Peres, fait Aucassins, venés avant : je vous ferai
bons couvens.
— Et quex, biax fix ?
— Je prendrai les armes, s'irai a l'estor, par tex
35 covens que, se Dix me ramaine sain et sauf, que vos
me lairés Nicolete me douce amie tant veir que j'aie
deus paroles u trois a li parlees et que je l'aie une
seule fois baisie.
— Je l'otroi », fait li peres.
40 Il li[5] creante et Aucassins fu lié.

— Père, répondit Aucassin, que me racontez-vous
là ? Que Dieu me refuse tout ce que je peux lui demander si j'accepte, une fois chevalier, de monter à cheval
et de participer à une bataille où j'échange des coups
30 avec des chevaliers, sans que vous m'accordiez d'épouser Nicolette ma douce amie que j'aime tant.

— Mon fils, reprit le père, c'est impossible : je préférerais être complètement dépossédé et perdre tous
mes biens plutôt que tu l'eusses jamais pour femme et
35 épouse. »

Et il s'en retourne. Mais quand Aucassin le vit s'en
aller, il le rappela :

— Père, dit-il, avancez : j'ai un bon accord à vous
proposer.

40 — Lequel, mon cher fils ?

— Je prendrai les armes et irai au combat, à la
condition que, si Dieu me ramène sain et sauf, vous
me laissiez voir Nicolette, ma douce amie, le temps de
lui adresser deux ou trois paroles et de lui donner un
45 baiser.

— Je l'accepte », dit le père.

Il le promet à Aucassin qui en est rempli de joie.

IX

OR SE CANTE

Aucassins ot du baisier
qu'il ara au repairier :
por cent mile mars [1] d'or mier
ne le fesist on si lié [2].
5 Garnemens [3] demanda ciers,
on li a aparelliés [4];
il vest un auberc dublier [5]
et laça l'iaume [6] en son cief,
çainst [7] l'espee au poin d'or mier,
10 si monta sor son destrier [8]
et prent l'escu [9] et l'espiel;
regarda andex ses piés,
bien li sissent [es] estriers [10] :
a mervelle se tint ciers.
15 De s'amie li sovient,
s'esperona li [11] destrier,
il li cort molt volentiers;
tot droit a le porte enl [12] vient
    a la bataille.

IX

CHANTÉ

Aucassin a entendu qu'à son retour
il aura un baiser :
cent mille marcs d'or pur
ne l'auraient pas rendu aussi heureux.
5 Il demanda un équipement de prix,
qu'on lui a préparé :
il revêtit un haubert à mailles doubles,
laça le heaume sur sa tête,
ceignit l'épée au pommeau d'or pur,
10 monta sur son destrier
et prit le bouclier et la lance.
Il regarda ses deux pieds,
ils étaient bien posés dans les étriers :
sa satisfaction fut totale.
15 Au souvenir de son amie,
il éperonna son destrier
qui galopa avec ardeur :
il arriva tout droit à la porte,
    en pleine bataille.

X

OR DIENT ET CONTENT

Aucassins fu armés sor son ceval[1], si con vos avés
oï et entendu. Dix! con li sist li escus au col[2] et li
hiaumes u cief et li renge de s'espee sor le senestre
hance! Et li vallés fu grans et fors et biax et gens et
5   bien fornis, et li cevaus sor quoi il sist rades et corans,
et li vallés l'ot bien adrecié par mi la porte.

Or ne quidiés vous qu'il pensast n'a bués n'a vaces
n'a civres prendre, ne qu'il ferist cevalier ne autres lui.
Nenil nient! onques ne l'en sovint; ains pensa tant a
10   Nicolete sa douce amie qu'il oublia ses resnes et
quanques il dut faire. Et li cevax qui ot senti les espe-
rons l'en porta par mi le presse, se se lance tres entre
mi ses anemis. Et il getent les mains de toutes pars, si
le prendent, si le dessaisisent de l'escu et de le lance,
15   si l'en mannent tot estrousement pris, et aloient ja por-
parlant de quel mort il feroient[3] morir. Et quant
Aucassins l'entendi,

« Ha! Dix, fait il, douce creature! sont çou mi anemi
mortel qui ci me mainent et qui ja me cauperont le
20   teste? Et puis que j'arai la teste caupee, ja mais ne
parlerai a Nicolete me douce amie que je tant aim.

X

Aucassin était en armes sur son cheval, comme vous l'avez entendu. Mon Dieu! comme lui allaient bien le bouclier qui pendait à son cou et, sur sa tête, le heaume et, sur sa hanche gauche, le baudrier de son épée! Le
5 jeune homme était grand, fort, beau, élégant, bien bâti; le cheval qu'il montait était rapide et vif, et le jeune homme l'avait dirigé droit par le milieu de la porte.

N'allez pas vous imaginer qu'il songeait à enlever
10 des bœufs, des vaches ou des chèvres, ni qu'il échangeait des coups avec les chevaliers de l'autre camp. Pas le moins du monde! L'idée ne lui en vint même pas, mais il pensait tellement à Nicolette, sa douce amie, qu'il en oubliait ses rênes et tout ce qu'il devait
15 faire. Son cheval qui avait senti la piqûre des éperons, l'emporta au cœur de la mêlée et s'élança au beau milieu des ennemis qui, de tous côtés, mettent les mains sur Aucassin, l'empoignent, lui arrachent bouclier et lance, l'emmènent au terme d'une capture ron-
20 dement menée, et déjà ils se demandaient de quelle mort ils le feraient mourir.

Quand Aucassin s'en rendit compte, « Ha! mon Dieu, fit-il, très chère Créature, ne sont-ce pas là mes ennemis mortels qui sont en train de m'emmener et
25 qui vont bientôt me couper la tête? Mais une fois la

Encor ai je ci une bone espee et siec [4] sor bon destrir
sejorné [5]! Se or ne me deffent por li, onques Dix ne
li aït se ja mais m'aime! »

25   Li vallés fu grans et fors, et li cevax so quoi il sist
fu remuans. Et il mist le main a l'espee, si comence
a [ferir [6] a] destre et a senestre et caupe hiaumes et
naseus [7] et puins et bras et fait un caple entor lui,
autresi con li senglers [8] quant li cien l'asalent en le
30   forest, et qu'il lor abat dis cevaliers et navre [9] set et
qu'il se jete tot estroseement de le prese et qu'il s'en
revient les galopiax ariere, s'espee en sa main.
      Li quens Bougars de Valence oï dire c'on penderoit
Aucassin son anemi, si venoit cele part; et Aucassins
35   ne le mescoisi mie : il tint l'espee en la main, se le
fiert par mi le hiaume si qu'i li enbare el cief. Il fu si
estonés qu'il caï a terre; et Aucassins tent le main,
si le prent et l'en mainne pris par le nasel del hiame
et le rent a son pere.

40   « Pere, fait Aucassins, ves ci vostre anemi qui tant
vous a gerroié et mal fait : vint a[ns] ja dure cest
guerre [10]; onques ne pot iestre acievee par home.

      — Biax fix, fait li pere, tes [11] enfances [12] devés vos
faire, nient baer [13] a folie.

45   — Pere, fait Aucassins, ne m'alés mie sermonant,
mais tenés moi mes covens.
      — Ba [14]! quex covens, biax fix ?
      — Avoi! pere, avés les vos obliees ? Par mon cief!
qui que les oblit, je nes voil mie oblier, ains me tient
50   molt au cuer. Enne m'eustes vos en covent que, quant
je pris les armes et j'alai a l'estor, que, se Dix me rame-
noit sain et sauf, que [15] vos me lairiés Nicolete ma
douce amie tant veir que j'aroie [16] parlé a li deus
paroles ou trois ? Et que je l'aroie une fois baisie

tête coupée, jamais plus je ne pourrai parler à Nicolette
ma douce amie que j'aime tant. Je dispose encore
d'une bonne épée et suis monté sur un bon destrier
plein de vigueur. Si maintenant, par amour pour elle,
30 je ne me défends pas, et qu'elle m'aime un jour, que
jamais Dieu ne lui vienne en aide! »

Le jeune homme était grand et fort, le cheval qu'il
montait était impétueux. Il mit la main à son épée,
et commença de frapper à droite et à gauche, coupant
35 heaumes, nasals, poings et bras, semant la mort autour
de lui, comme le sanglier quand les chiens l'assaillent
dans la forêt, tant et si bien qu'il abat dix chevaliers,
en blesse sept, se retire au galop de la mêlée et s'en
retourne l'épée à la main.

40 Le comte Bougar de Valence, qui avait entendu dire
qu'on allait pendre Aucassin son ennemi, s'en venait
de ce côté-là. Aucassin ne fut pas sans le voir : de
l'épée qu'il tenait à la main, il le frappa sur son heaume
si fort qu'il le lui enfonça sur la tête. Le comte, tout
45 étourdi, tomba de son cheval : Aucassin lui tendit la
main, le fit prisonnier, l'emmena en le tenant par le
nasal de son heaume et le remit à son père.

« Mon père, fit-il, voici votre ennemi qui vous a
si longtemps fait la guerre et causé tant de mal : il y a
50 vingt ans que dure cette guerre ; jamais personne n'avait
pu y mettre un terme.

— Mon cher fils, répondit le père, telles sont les
premières armes que vous devez faire, et non pas perdre
votre temps à rêver de folies.

55 — Mon père, reprit Aucassin, trêve de sermons,
tenez-moi plutôt vos promesses.

— Comment ? Quelles promesses, mon cher fils ?

— Allons ! mon père, les avez-vous oubliées ? Par
ma tête, les oublie qui voudra, moi je ne veux pas les
60 oublier, elles sont gravées dans mon cœur. Est-ce que
vous ne m'avez pas promis, lorsque je pris les armes
et partis pour la bataille, que, dans le cas où Dieu me
ramènerait sain et sauf, vous me permettriez de voir
Nicolette ma douce amie le temps que je puisse lui
65 dire deux paroles ou trois ? Et que j'aurais le temps
de lui donner un baiser, me l'avez-vous promis, oui

55   m'eustes vos en covent [17] ? Et ce voil je que [18] que vos
     me tenés.
         — Jo ? fai[t] li peres ; ja Dix ne m'aït, quant ja
     covens vos en tenrai ; et s'ele estoit ja ci, je l'arderoie
     en un fu, et vos meismes porriés avoir tote paor.

60   — Est ce tote la fins ? fait Aucassins.
         — Si m'aït Dix [19], fait li peres, oïl.
         — Certes, fait Aucassins, je sui [20] molt dolans quant
     hom de vostre eage ment [21]. Quens de Valence, fait
     Aucassins, je vos ai pris ?
65   — Sire, voire fait. Aioire [22] ? fait li quens.

         — Bailiés ça vostre main, fait [23] Aucassins.
         — Sire, volentiers. »
     Il li met se main en la siue.
     « Ce m'afiés vos, fait Aucassins, que, a nul jor que
70   vos aiés a vivre, ne porrés men pere faire honte ne
     destorbier de sen cors ne de sen avoir que vos ne li
     faciés.
         — Sire, por Diu, fait il, ne me gabés mie ; mais
     metés moi a raençon : vos ne me sarés ja demander or
75   ni argent, cevaus ne palefrois [24], ne vair ne gris, ciens
     ne oisiax, que je ne vos doinse.

         — Comment ? fait Aucassins ; ene connissiés vos
     que je vos ai pris ?
         — Sire, oie, fait li quens Borgars.

80   — Ja Dix ne m'aït, fait Aucassins, se vos ne le m'a-
     fiés, se je ne vous fac ja cele teste voler.

         — Enondu [25] ! fait il, je vous afie quanque il vous
     plaist. »
     Il li afie, et Aucassins le fait monter sor un ceval,
85   et il monte sor un autre, si le conduist tant qu'il fu a
     sauveté.

ou non ? Voilà les promesses que je veux que vous me teniez.

70 — Moi ? dit le père; que Dieu ne me vienne jamais en aide, si jamais je vous tiens telles promesses! Mais si elle était ici, je la brûlerais sur un bûcher, et vous-même pourriez craindre pour votre vie.

— Est-ce vraiment votre dernier mot ? fit Aucassin.

— Avec l'aide de Dieu, oui, répondit le père.

75 — Vraiment, dit Aucassin, je suis affligé de voir mentir un homme de votre âge. Comte de Valence, reprit-il, je vous ai bien fait prisonnier ?

— Seigneur, c'est l'exacte vérité. Eh bien ? demanda le comte.

80 — Donnez-moi votre main, fit Aucassin.

— Seigneur, bien volontiers. »

Et le comte mit sa main dans celle d'Aucassin.

— Promettez-moi, dit Aucassin, que, durant tout le reste de votre vie, vous ne laisserez échapper aucune 85 occasion de causer à mon père honte et ennui, dans sa personne comme dans ses biens.

— Seigneur, je vous en prie, fit le comte, ne vous moquez pas de moi; rançonnez-moi plutôt : tout ce que vous pourrez demander, or et argent, destriers et 90 palefrois, fourrures de vair et de gris, chiens et oiseaux, je vous le donnerai.

— Comment ? dit Aucassin; reconnaissez-vous, oui ou non, que je vous ai fait prisonnier ?

— Oui, seigneur, je le reconnais, répondit le 95 comte Bougar.

— Que Dieu ne m'aide jamais, fit Aucassin, si vous refusez de prendre cet engagement et que je ne vous fasse pas aussitôt voler la tête!

— Par le nom de Dieu, dit le comte, je vous promets 100 tout ce que vous voulez. »

La promesse faite, Aucassin le fit monter sur un cheval, sauta lui-même sur un autre et l'escorta jusqu'à ce qu'il fût en sûreté.

XI

OR SE CANTE

Qant or voit li quens Garins
de son enfant Aucassin
qu'il ne pora departir
de Nicolete au cler vis,
5 en une prison l'a mis
en un celier sosterin
qui fu fais de marbre bis [1].
Quant or i vint Aucassins,
dolans fu, ainc ne fu si;
10 a dementer si se prist
si con vos porrés oïr :
« Nicolete, flors de lis,
douce amie o le cler vis,
plus es douce que roisins
15 ne que soupe en maserin [2].

L'autr' ier vi un pelerin,
nés estoit de Limosin,
malades de l'esvertin [3],
si gisoit ens en un lit,
20 mout par estoit entrepris.
de grant mal amaladis.
Tu passas devant son lit,
si soulevas ton traïn
et ton peliçon [4] ermin [5],

XI

CHANTÉ

Comme le comte Garin voit maintenant
que son enfant Aucassin
ne pourra se détacher
de Nicolette au visage lumineux,
5   il l'a emprisonné
dans un cachot souterrain
fait de marbre gris.
Dès qu'Aucassin y arriva,
il éprouva la plus grande douleur de sa vie ;
10   il commença à se lamenter
ainsi que vous pourrez l'entendre :
« Nicolette, fleur de lis,
ma douce amie au lumineux visage,
tu es plus douce qu'un grain de raisin
15   ou qu'une tranche de pain trempée en une écuelle de
     bois.
L'autre jour, je vis un pèlerin,
natif du Limousin,
qui était atteint de folie,
et gisait au fond d'un lit,
20   fort mal en point
et gravement malade.
Tu passas devant son lit,
tu soulevas ta traîne,
ta tunique fourrée d'hermine,

25   la cemisse [6] de blanc lin,
tant que ta ganbete vit :
garis fu li pelerins
et tos sains, ainc ne fu si.
Si se leva de son lit,
30   si rala en son païs
sains [7] et saus et tos garis.
Doce amie, flors de lis,
biax alers et biax venirs,
biax jouers et biax bordirs,
35   biax parlers et biax delis [8],
dox baisiers et dox sentirs,
nus ne vous poroit haïr.
Por vos sui en prison mis
en ce celier sousterin
40   u je fac mout male fin [9];
or m'i convenra morir [10]
     por vos, amie. »

25   ta chemise de lin blanc,
      si bien qu'il vit ta jolie jambe :
      guéri, le pèlerin
      recouvra une santé plus parfaite que jamais.
      Il se leva de son lit,
30   retourna dans son pays,
      en bonne santé et complètement guéri.
      Ma douce amie, fleur de lis,
      si belle lorsque vous allez et venez!
      si belle lorsque vous jouez et badinez!
35   si belle dans la conversation et le plaisir!
      si douce dans vos baisers et vos étreintes!
      Personne ne pourrait vous haïr.
      C'est pour vous que je suis emprisonné
      dans ce cachot souterrain
40   où je mène grand tapage;
      il m'y faudra maintenant mourir
          pour vous, mon amie. »

XII

OR DIENT ET CONTENT ET FABLOIENT

Aucasins fu mis en prison, si com vos avés oï et
entendu, et Nicolete fu d'autre part en le canbre.

Ce fu el tans d'esté, el mois de mai que li jor sont
caut, lonc et cler, et les nuis coies et series.

5   Nicolete jut une nuit en son lit, si vit la lune luire
cler par une fenestre et si oï le lorseilnol center en gard-
ding, se li sovint d'Aucassin sen ami qu'ele tant amoit.
Ele se comença a porpenser del conte [1] Garin de Biaucaire qui de mort le haoit, si se pensa qu'ele ne reman-
10   roit plus ilec [2], que, s'ele estoit acusee et li quens
Garins le savoit, il le feroit de male mort morir.

Ele senti que li vielle dormoit qui aveuc li estoit :
ele se leva, si vesti un bliaut [3] de drap de soie que ele
avoit molt bon, si prist dras de lit et touailes, si noua
15   l'un a l'autre, si fist une corde si longe conme ele pot,
si le noua au piler de le fenestre; si s'avala contreval [4]
le gardin, et prist se vesture a l'une main devant et a
l'autre deriere, si s'escorça por le rousee qu'ele vit
grande sor l'erbe, si s'en ala aval le gardin.

20   Ele avoit les caviaus blons et menus recercelés [5], et
les ex vairs et rians, et le face traitice, et le nés haut et

XII

PARLÉ : RÉCIT ET DIALOGUE

Aucassin avait été mis en prison, comme vous l'avez entendu, et, de son côté, Nicolette était dans la chambre.

C'était en été, au mois de mai, quand les jours
5 sont chauds, longs et lumineux, les nuits calmes et sereines.

Une nuit où Nicolette reposait dans son lit, elle aperçut par une fenêtre la vive clarté de la lune et entendit le rossignol chanter dans le jardin : elle se souvint alors
10 d'Aucassin son ami qu'elle aimait tant. Elle commença à songer au comte Garin de Beaucaire qui lui vouait une haine mortelle; aussi décida-t-elle de ne pas rester davantage en ce lieu, car, si on la dénonçait et que le comte le sût, il la ferait honteusement périr.

15 Se rendant compte que sa vieille compagne dormait, elle se leva et revêtit une tunique de soie de très bonne qualité; puis elle prit des draps et des serviettes, les noua ensemble, en fit une corde aussi longue que possible, qu'elle attacha au pilier de la fenêtre. Elle des-
20 cendit dans le jardin où, prenant son vêtement d'une main par-devant et de l'autre par-derrière, elle le retroussa en raison de la rosée très forte qu'elle voyait sur l'herbe, et elle se dirigea vers le bas du jardin.

Elle avait les cheveux blonds et frisés, les yeux vifs
25 et riants, le visage àllongé, le nez haut et régulier, les

bien assis, et lé levretes vremelletes plus que n'est
cerisse ne rose el tans d'esté, et les dens blans et menus;
et avoit les mameletes dures qui li souslevoient sa ves-
25 teure ausi con ce fuissent deus nois gauges [6]; et estoit
graille par mi les flans qu'en vos dex mains le peusciés
enclorre; et les flors des margerites qu'ele ronpoit as
ortex de ses piés, qui li gissoient sor le menuisse du
pié par deseure, estoient droites noires avers ses piés
30 et ses ganbes [7], tant par estoit blance la mescinete.

Ele vint au postic, si le deffrema, si s'en isci par mi
les rues de Biaucaire par devers l'onbre, car la lune
luisoit molt clere, et erra [8] tant qu'ele vint a le tor u
ses amis estoit. Li tors estoit faele[e] de lius en lius;
35 et ele se quatist delés l'un des pilers, si s'estraint en son
mantel [9], si mist sen cief par mi une creveure de la tor
qui vielle estoit et anciienne, si oï Aucassin qui la
dedens plouroit et faisoit mot grant dol et regretoit se
douce amie que tant amoit. Et quant el l'ot assés
40 escouté, si comença a dire.

lèvres fines et plus vermeilles que la cerise ou la rose
en été, les dents blanches et menues; ses deux petits
seins soulevaient son vêtement, fermes et semblables
à deux grosses noix; sa taille était si fine que vous auriez
30 pu l'entourer de vos deux mains; les fleurs des marguerites qu'elle brisait en marchant et qui retombaient
sur le dessus de ses pieds devenaient tout à fait noires,
comparées à ses pieds et à ses jambes, tellement la
fillette était d'une blancheur de neige.
35 Elle atteignit la poterne qu'elle ouvrit et sortit dans
les rues de Beaucaire, recherchant l'ombre, car la lune
brillait très claire. A force de marcher, elle parvint à
la tour où se trouvait son ami. Cette tour était fendue
de place en place. Nicolette se cacha contre un pilier,
40 s'enveloppa dans son manteau et glissa la tête dans
une crevasse de la tour qui était très antique : elle
entendit Aucassin qui, à l'intérieur, pleurait et s'abandonnait au désespoir et évoquait sa douce amie qu'il
aimait tant. Après l'avoir écouté un bon moment, elle
45 commença à parler.

XIII

OR SE CANTE

    Nicolete o le vis cler
s'apoia a un piler,
s'oï Aucassin plourer
et s'amie a regreter [1]
5 or parla, dist son penser :
« Aucassins, gentix [2] et ber [3],
frans damoisiax honorés,
que vos vaut li dementer,
li plaindres ne li plurers [4],
10 quant ja de moi ne gorés ?
Car vostre peres me het
et trestos vos parentés.
Por vous passerai le mer,
s'irai en autres regnés. »
15 De ses caviax a caupés,
la dedens les a rüés.
Aucassins les prist, li ber,
si les a molt honerés
et baisiés et acolés;
20 en sen sain les a boutés [5];
si recomence a plorer
    tout por s'amie.

XIII

CHANTÉ

Nicolette au visage lumineux
s'appuya à un pilier,
elle entendit Aucassin pleurer
et regretter son amie;
5 alors elle parla, lui révéla sa pensée :
« Aucassin, noble et valeureux seigneur,
jeune homme riche de noblesse et de terres,
à quoi vous sert-il de vous lamenter,
de vous plaindre et de pleurer
10 puisque jamais je ne serai à vous ?
Votre père me hait,
ainsi que tous vos parents.
A cause de vous, je passerai la mer
et me rendrai en d'autres royaumes. »
15 Elle a coupé une mèche de ses cheveux
qu'elle a jetés à l'intérieur.
Aucassin s'en est saisi, le valeureux seigneur,
il les a révérés,
baisés, serrés dans ses bras,
20 puis placés contre son cœur;
et il recommence à verser des larmes
    pour son amie.

XIV

Qant Aucassins oï dire Nicolete qu'ele s'en voloit
aler en autre païs, en lui n'ot que courecier[1].

« Bele douce amie, fait il, vos n'en irés mie, car
dont m'ariis[2] vos mort. Et li premiers qui vos verroit
5 ne qui vous porroit[3], il vos prenderoit lués et vos
meteroit a son lit, si vos asoignenteroit. Et puis que
vos ariiés jut[4] en lit a home, s'el mien non, or ne
quidiés mie que j'atendisse tant que je trovasse coutel
dont je me peusce ferir el cuer et ocirre. Naie voir,
10 tant n'atenderoie je mie; ains m'esquelderoie[5] de si
lonc que je verroie une maisiere u une bisse pierre, s'i
hurteroie si durement me teste que j'en feroie les ex
voler et que je m'escerveleroie tos. Encor ameroie je
mix a morir de si faite mort que je seusce que vos
15 eusciés jut en lit a home, s'el mien non.

— A! fait ele, je ne quit mie que vous m'amés tant
con vos dites; mais je vos aim plus que vos ne faciés
mi.
— Avoi! fait Aucassins, bele douce amie, ce ne
20 porroit estre que vos m'amissiés tant que je fac vos.
Fenme ne puet tant amer l'oume con li hom fait le
fenme; car li amors de le fenme est en son[6] oeul et
en son le cateron[7] de sa mamele et en son l'orteil del

XIV

PARLÉ : RÉCIT ET DIALOGUE

Lorsque Aucassin entendit Nicolette dire qu'elle voulait s'en aller dans un autre pays, une profonde affliction envahit son âme :

« Ma très douce amie, fait-il, vous ne partirez pas,
5 car ce serait me tuer. Le premier qui vous verrait et qui en aurait la possibilité, vous enlèverait aussitôt et vous mettrait dans son lit, faisant de vous sa maîtresse. Et une fois que vous auriez couché dans le lit d'un autre homme que moi, n'allez pas vous imaginer que j'at-
10 tendrais de trouver un couteau pour me poignarder et me tuer. Non, non, je n'attendrais pas tant, mais, d'aussi loin que je verrais un mur ou une pierre de granit, je m'élancerais et m'y heurterais la tête avec une telle violence que je me ferais sauter les yeux et
15 jaillir toute la cervelle. Je préférerais mourir de cette horrible mort plutôt que d'apprendre que vous ayez couché dans le lit d'un autre homme que moi.

— Ah! fait-elle, je ne crois pas que vous m'aimiez autant que vous le dites; mais je vous aime plus que
20 vous ne le faites de moi.

— Allons donc! répond Aucassin, ma très douce amie, il n'est pas possible que vous m'aimiez autant que je vous aime. La femme ne peut aimer l'homme autant que l'homme aime la femme; car l'amour de
25 la femme réside dans son œil et tout au bout de son

pié, mais li amors de l'oume est ens el cué plantee,
25 dont ele ne puet iscir. »

La u [8] Aucassins et Nicolete parloient ensanble, et
les escargaites de le vile venoient tote une rue, s'avoient
les espees traites desos les capes, car li quens Garins
lor avoit conmandé que, se il le pooient prendre, qu'i
30 l'ocesissent. Et li gaite qui estoit sor le tor les vit venir,
et oï qu'il aloient de Nicolete parlant et qu'il le mane-
çoient a occirre.

« Dix! fait il, con grans damages de si bele mescinete, s'il l'ocient! Et molt seroit grans aumosne, se je
35 li pooie dire, par quoi il ne s'aperceuscent, et qu'ele
s'en gardast; car s'i l'ocient, dont iert Aucassins mes
damoisiax mors, dont grans damages ert [9]. »

sein et tout au bout de son orteil, mais l'amour de
l'homme est planté au fond de son cœur d'où il ne
peut s'en aller. »

Pendant qu'Aucassin et Nicolette échangeaient ces
30 discours, les archers du guet s'avançaient tout au
long d'une rue, l'épée dégainée sous la pèlerine, car
le comte Garin leur avait donné l'ordre de la tuer s'ils
pouvaient la prendre. Le veilleur, du sommet de la
tour, les vit venir; il les entendit parler entre eux de
35 Nicolette et menacer de la tuer.

« Dieu, fait-il, quelle grande perte s'ils tuent une
aussi belle jeune fille! Ce serait vraiment faire œuvre
charitable si je pouvais l'avertir sans qu'ils se rendissent
compte de rien, et qu'ainsi elle se gardât de ses enne-
40 mis; car, s'ils la tuent, alors Aucassin mon jeune seigneur en mourra et ce sera une grande perte! »

XV

OR SE CANTE

    Li gaite fu mout vaillans [1],
preus et cortois et saçans.
Il a comencié uns cans [2]
ki biax fu et avenans.
5   « Mescinete o le cuer franc,
cors as gent et avenant,
le poil blont et avenant [3],
vairs les ex, ciere [4] rïant.
Bien le voi a ton sanblant :
10   parlés as a ton amant
qui por toi se va morant.
Jel te di et tu l'entens :
garde toi des souduians [5]
ki par ci te vont querant,
15   sous les capes les nus brans ;
forment te vont maneçant,
tost te feront messeant,
     s'or ne t'i gardes [6]. »

XV

CHANTÉ

Le veilleur, qui était un homme très valeureux,
brave, courtois et habile,
a commencé une chanson
belle et agréable :
5 « Jeune fille au cœur noble,
tu as le corps élégant et séduisant,
les cheveux blonds et charmants,
les yeux vifs et le visage riant.
Je vois bien à ton aspect
10 que tu viens de parler à ton ami
qui se meurt d'amour pour toi.
Sois attentive à mes propos :
méfie-toi des traîtres
qui te recherchent en ce lieu,
15 la lame nue sous la pèlerine ;
ils se répandent contre toi en violentes menaces,
et sans tarder te causeront des désagréments,
si dès maintenant tu n'y prends garde. »

XVI

OR DIENT ET CONTENT ET FABLOIENT

« Hé! fait Nicolete, l'ame de ten pere et de te mere soit en benooit repos, quant si belement et si cortoisement le m'as ore dit. Se Diu plaist, je m'en garderai bien, et Dix m'en gart! »

5   Ele s'estraint en son mantel en l'onbre del piler, tant que cil furent passé outre; et ele prent congié a Aucassin, si s'en va tant qu'ele vint au mur del castel[1]. Li murs fu depeciés, s'estoit rehordés, et ele monta deseure, si fist tant qu'ele fu entre le mur et le fossé;
10 et ele garda[2] contreval, si vit le fossé molt parfont et molt roide, s'ot molt grant paor.

« Hé! Dix, fait ele[3], douce Creature! se je me lais caïr, je briserai le col, et se je remain ci, on me prendera demain si m'arde on en un fu. Encor ainme je
15 mix que je muire ci que tos li pules me regardast demain a merveilles. »

Ele segna son cief, si se laissa glacier aval le fossé, et quant ele vint u fons, si bel pié et ses beles mains, qui n'avoient mie apris c'on les bleçast, furent quais-
20 sies et escorcies et li sans en sali bien en dose lius, et ne por quant ele ne santi ne mal ne dolor por le grant paor qu'ele avoit.

XVI

PARLÉ : RÉCIT ET DIALOGUE

« Ah! dit Nicolette, que l'âme de ton père et de ta
mère reposent dans la paix du Seigneur, puisque tu
viens de m'avertir avec tant de gentillesse et de courtoisie. S'il plaît à Dieu, je me garderai bien de ces
ennemis, et que Dieu lui-même me garde d'eux! »

Elle se blottit dans son manteau, à l'ombre du pilier,
jusqu'à ce qu'ils l'aient dépassée; puis elle prit congé
d'Aucassin. A force de marcher, elle atteignit le mur
du château. Comme il était démoli, on avait élevé un
échafaudage sur lequel elle monta. Après bien des
efforts, la voici entre le mur et le fossé. Quand elle
regarda vers le bas, la vue du fossé très profond et très
escarpé la remplit de frayeur.

« Ah! mon Dieu, fit-elle, doux Etre! si je me laisse
tomber, je me romprai le cou, mais si je reste ici,
demain on me prendra si bien qu'on me brûlera sur
un bûcher. Je préfère encore mourir ici plutôt que
d'être demain exposée aux regards et à la curiosité de
tout le peuple. »

Elle fit le signe de la croix et se laissa glisser en bas
du fossé. Quand elle fut parvenue au fond, ses jolis
pieds et ses belles mains, qui n'avaient pas coutume
qu'on les blessât, étaient meurtris et écorchés, le sang
en jaillissait en plus de douze endroits, sans qu'elle
ressentît pourtant ni mal ni douleur, tellement elle
était effrayée.

Et se ele fu en paine de l'entrer, encor fu ele en forceur [4] de l'iscir. Ele se pensa qu'ileuc ne faisoit mie
bon demorer, e trova un pel aguisié que cil dedens
avoient jeté por le castel deffendre, si fist pas un
avant l'autre tant [5], si monta tant a grans painnes
qu'ele vint deseure.

Or estoit li forés pres a deus arbalestees, qui bien
duroit trente liues de lonc et de lé, si i avoit bestes
sauvages et serpentine [6]. Ele ot paor que, s'ele i
entroit, qu'eles ne l'ocesiscent, si se repensa [7] que, s'on
le trovoit ileuc, c'on le remenroit en le vile por ardoir.

S'il lui avait été pénible de descendre, ce fut encore
pis pour sortir. Elle pensa qu'il ne faisait pas bon rester en ce lieu. Ayant trouvé un pieu pointu que ceux
30 du dedans avaient jeté pour défendre le château, elle
avança tant pas à pas, elle monta tant au prix de gros
efforts qu'elle atteignit le sommet.

Or la forêt était à deux portées d'arbalète. S'éten-
dant sur plus de trente lieues en longueur et en largeur,
35 elle abritait des bêtes sauvages et tout un peuple de
serpents : Nicolette eut peur d'être dévorée si elle y
pénétrait, mais d'autre part elle pensa que, si on la
trouvait en ce lieu, on la ramènerait dans la ville pour
la brûler.

XVII

OR SE CANTE

Nicolete o le vis cler
fu montee le fossé,
si se prent a dementer
et Jhesum a reclamer :
5   « Peres, rois de maïsté,
or ne sai quel part aler :
se je vois u gaut ramé,
ja me mengeront li lé [1],
li lïon et li sengler
10 dont il i a a plenté [2];
et se j'atent le jor cler
que on me puist ci trover,
li fus sera alumés
dont mes cors iert enbrasés.
15 Mais, par Diu de maïsté,
encor aim jou mix assés [3]
que me mengucent li lé,
li lïon et li sengler,
que je voisse en la cité :
20   je n'irai mie. »

XVII

CHANTÉ

Nicolette au visage lumineux
a escaladé le talus du fossé.
Elle commence à se désoler
et à invoquer Jésus :
5 « Père, roi de majesté,
maintenant je ne sais où aller :
si je vais dans le bois touffu,
à coup sûr je serai mangée par les loups,
les lions et les sangliers
10 qui y sont en grand nombre;
et si j'attends l'aube
si bien qu'on puisse me trouver ici,
on allumera un bûcher
dont le feu embrasera mon corps.
15 Mais, par le Dieu de majesté,
je préfère encore de beaucoup
être mangée par les loups,
les lions et les sangliers
plutôt que d'aller dans la cité :
20   je n'irai pas. »

XVIII

OR DIENT ET CONTENT ET FABLOIENT

Nicolete se dementa molt, si con vos avés oï. Ele se
conmanda a Diu, si erra tant qu'ele vint en le forest.
Ele n'osa mie parfont entrer por les bestes sauvaces et
por le serpentine, si se quatist en un espés buisson; et
5   soumax [1] li prist, si s'endormi dusqu'au demain a haute
prime [2] que li pastorel iscirent de la vile et jeterent lor
bestes entre le bos et la riviere, si se traien d'une part
a une molt bele fontaine qui estoit au cief de la forest,
si estendirent une cape, se missent lor pain sus.

10   Entreusque il [3] mengeoient, et Nicolete s'esveille au
cri des oisiax et des pastoriax, si s'enbati sor aus.

« Bel enfant, fait ele [4], Damedix vos i aït!

— Dix vos benie! fait li uns qui plus fu enparlés
des autres [5].
15   — Bel enfant, fait ele [6], conissiés vos Aucassin, le
fil le conte Garin de Biaucaire ?
— Oïl, bien le counisçons nos.
— Se Dix vos aït, bel enfant, fait ele, dites li qu'il a [7]
une beste en ceste forest [8] et qu'i le viegne cacier [9], et
20   s'il l'i puet prendre, il n'en donroit mie un menbre por
cent mars d'or, non por cinc cens, ne por nul avoir. »

XVIII

PARLÉ : RÉCIT ET DIALOGUE

Nicolette se désolait fort, comme vous l'avez entendu. Elle se recommanda à Dieu et marcha tant qu'elle atteignit la forêt, où elle n'osa s'enfoncer par peur des bêtes sauvages et des serpents. Elle se blottit
5 dans un épais buisson et le sommeil la prit. Elle dormit jusqu'au lendemain. Vers huit heures, les petits bergers sortaient de la ville et poussaient leurs bêtes entre le bois et la rivière. S'écartant en direction d'une fort belle source à l'orée de la forêt, ils étendirent un
10 manteau sur lequel ils posèrent leur pain.

Tandis qu'ils mangeaient, Nicolette s'éveilla aux cris des oiseaux et des petits bergers; elle se précipita vers eux :

« Chers enfants, dit-elle, que le Seigneur Dieu vous
15 aide!

— Que Dieu vous bénisse! répondit l'un d'eux qui parlait mieux que les autres.

— Chers enfants, reprit-elle, connaissez-vous Aucassin, le fils du comte Garin de Beaucaire ?
20 — Oui, nous le connaissons bien.

— Au nom de Dieu, chers enfants, fit-elle, dites-lui qu'il y a une bête dans cette forêt et qu'il vienne la chasser : s'il peut la prendre, il n'en donnerait pas un seul de ses membres pour cent marcs d'or, pas même
25 pour cinq cents, ou pour tout l'or du monde. »

Et cil le regardent, se le virent si bele qu'il en furent
tot esmari.

« Je li dirai ? fait cil qui plus fu enparlés des autres;
25 dehait ait [10] qui ja en parlera, ne qui ja li dira! C'est
fantosmes que vos dites, qu'il n'a si ciere beste en ceste
forest, ne cerf, ne lion, ne sengler, dont uns des menbres
vaille plus de dex deniers u de trois au plus, et vos
parlés de si grant avoir! Ma dehait qui vos en croit,
30 ne qui ja li dira! Vos estes fee, si n'avons cure de vo
conpaignie, mais tenés vostre voie [11].

— Ha! bel enfant, fait ele, si ferés. Le beste a tel
mecine [12] que Aucassins ert garis de son mehaing [13];
et j'ai ci cinc sous en me borse : tenés, se li dites; et
35 dedens trois jors li covient cacier, et se il dens [14]
trois jors ne le trove, ja mais n'iert garis de son mehaig.

— Par foi, fait il, les deniers prenderons nos, et s'il
vient ci, nos li dirons, mais nos ne l'irons ja quere.

— De par Diu! » fait ele.
40 Lor prent congié as pastoriaus, si s'en va.

Eux, la regardant, la virent si belle qu'ils furent
frappés d'étonnement :

— Moi, le lui dire ? fit celui qui parlait mieux que
les autres. Au diable qui jamais en parlera et jamais
30 le lui répétera ! Pures rêveries que vos propos : il n'y
a pas dans cette forêt de bête si précieuse, ni cerf, ni
lion, ni sanglier, dont un des membres vaille plus de
deux deniers ou de trois au maximum, et vous, vous
parlez d'une montagne d'or ! A tous les diables qui
35 vous croit et qui jamais le lui répétera ! Vous êtes une
fée, nous ne recherchons pas votre compagnie, passez
plutôt votre chemin.

— Ah ! mes chers enfants, reprit-elle, si, vous le
ferez. La bête a une telle vertu qu'elle guérira Aucassin
40 de sa blessure. J'ai ici cinq sous dans ma bourse : tenez-
les, et dites-le-lui ; avant trois jours, il faut qu'il se
mette en chasse ; s'il ne la trouve pas dans ces trois jours,
jamais il ne sera guéri de sa blessure.

— En vérité, répondit-il, nous prendrons les deniers :
45 s'il vient ici, nous le lui dirons, mais nous ne partirons
jamais à sa recherche.

— A la grâce de Dieu ! » dit-elle.

Elle prit alors congé des petits bergers et s'éloigna.

XIX

OR SE CANTE

Nicolete o le cler vis
des pastoriaus se parti[1],
si acoilli son cemin[2]
tres par mi le gaut foilli
5   tout un viés sentier anti,
tant qu'a une voie vint
u aforkent set cemin
qui s'en vont par le païs.
A porpenser or se prist
10 qu'esprovera son ami
s'i l'aime si com il dist.
Ele prist des flors de lis
et de l'erbe du garris[3]
et de le foille autresi,
15 une bele loge[4] en fist :
ainques tant gente ne vi.
Jure Diu qui ne menti,
se par la vient Aucasins
et il por l'amor de li
20 ne s'i repose un petit,
ja ne[5] sera ses amis,
    n'ele s'amie.

XIX

CHANTÉ

Nicolette au lumineux visage
quitta les petits bergers
et se mit en chemin
à travers le bois feuillu,
5   tout au long d'un très antique sentier,
si bien qu'elle parvint à un carrefour
d'où rayonnent sept chemins
qui s'en vont par le pays.
Il lui vient alors à l'esprit
10 d'éprouver son ami
pour voir s'il l'aime autant qu'il le prétend.
Elle cueille des fleurs de lis,
de l'herbe de la garrigue,
du feuillage aussi
15 dont elle a fait une belle hutte,
jolie comme je n'en ai jamais vu.
Elle jure par le Dieu de vérité
que, si Aucassin vient par là
sans s'y reposer un peu
20 par amour pour elle,
jamais il ne sera son ami
    ni elle son amie.

XX

Nicolete eut faite le loge, si con vos avés oï et
entendu, molt bele et mout gente, si l'ot bien forree
dehors et dedens de flors et de foilles, si se repost delés
le loge en un espés buison por savoir que Aucassins
5 feroit.

Et li cris et li noise ala par tote le tere et par tot le
païs que Nicolete estoit perdue : li auquant dient qu'ele
en estoit fuie, et li autre dient que li quens Garins l'a
faite mordrir. Qui qu'en eust joie, Aucassins n'en fu
10 mie liés.

Et li quens Garins ses peres le fist metre hors de prison, si manda les cevaliers de le tere et les damoiseles,
si fist faire une mot rice feste, por çou qu'il cuida [1]
Aucassin son fil conforter.

15 Quoi que li feste estoit plus plaine, et Aucassins fu
apoiiés a une puie tos dolans et tos souples [2]. Qui que
demenast joie, Aucassins n'en ot talent [3], qu'il n'i veoit
rien de çou qu'il amoit.

Uns cevaliers le regarda, si vint a lui, si l'apela.

20 « Aucassins, fait il, d'ausi fait mal con vos avés ai
je esté malades. Je vos donrai bon consel, se vos me
volés croire.

— Sire, fait Aucassins, grans mercis; bon consel
aroie je cier.

XX

PARLÉ : RÉCIT ET DIALOGUE

Voici que Nicolette a achevé la hutte, comme vous l'avez entendu : très belle et très jolie, tapissée au-dehors comme au-dedans de fleurs et de feuilles. Elle se cacha à proximité, dans un épais buisson, pour voir ce que
5 ferait Aucassin.

Cependant, la nouvelle et le bruit se répandaient par toute la contrée et par tout le pays que Nicolette était perdue : certains disaient qu'elle s'était enfuie, d'autres que le comte Garin l'avait fait tuer. S'il y en eut que
10 réjouit cette rumeur, Aucassin n'en fut pas heureux.

Le comte Garin son père ordonna de le libérer, invita les chevaliers et les demoiselles du pays, organisa une très brillante fête dans l'espoir de consoler son fils Aucassin.

15 Mais, alors que la fête battait son plein, Aucassin demeurait appuyé à une balustrade, tout triste et abattu. Les autres avaient beau s'abandonner à la joie, Aucassin n'en avait pas envie, car il n'y voyait rien de ce qu'il aimait. Un chevalier le regarda, vint à lui
20 et lui adressa la parole :

« Aucassin, fit-il, j'ai souffert du même mal que vous. Je vous donnerai un bon conseil, si vous voulez me croire.

— Seigneur, répondit Aucassin, merci beaucoup.
25 J'attacherais grand prix à un bon conseil.

25   — Montés sor un ceval, fait il, s'alés selonc cele
forest esbanoiier [4]; si verrés ces flors et ces herbes,
s'orrés ces oisellons canter; par aventure orrés tel
parole dont mix vos iert.

— Sire, fait Aucassins, grans mercis; si ferai jou. »

30   Il s'enble de la sale [5], s'avale [6] les degrés, si vient en
l'estable [7] ou ses cevaus estoit. Il fait metre le sele et
le frain; il met pié en estrier, si monte, et ist del castel;
et erra tant qu'il vint a le forest, et cevauca tant qu'il
vint a le fontaine, et trove les pastoriax au point de
35   none; s'avoient une cape estendue sor l'erbe, si man-
geoient lor pain et faisoient mout tresgrant joie.

— Montez à cheval, dit-il, et allez vous distraire là-bas à la lisière de la forêt; vous y verrez des fleurs et des herbes, vous y entendrez chanter les petits oiseaux; il se peut que vous y entendiez tel propos
30 qui vous fera du bien.

— Seigneur, répondit Aucassin, merci beaucoup. Je vais le faire. »

Il s'esquive de la salle, descend les marches, va à l'écurie où était son cheval; il lui fait mettre la selle
35 et le mors et, se servant de l'étrier, il monte et sort du château. A force de cheminer, il parvint à la forêt et sa chevauchée le conduisit à la source où, à trois heures juste, il trouva les petits bergers qui avaient étalé une pèlerine sur l'herbe et mangeaient leur pain dans la
40 joie et la gaieté.

XXI

OR SE CANTE

Or s'asanlent pastouret,
Esmerés et Martinés,
Früelins et Johanés,
Robeçons et Aubriés.
5 Li uns dist : « Bel conpaignet,
Dix aït Aucasinet,
voire a foi, le bel vallet;
et le mescine au corset [1]
qui avoit le poil blondet,
10 cler le vis et l'oeul vairet,
ki nos dona denerés
dont acatrons gastelés,
gaïnes et coutelés,
flaüsteles et cornés,
15 maçüeles et pipés,
Dix le garisse [2]! »

XXI

CHANTÉ

Voici que s'assemblent les pastoureaux,
Emeret et Martinet,
Fruelin et Jeannot,
Robichon et Aubriet.
5 Et l'un de dire : « Mes chers petits amis,
que Dieu aide le jeune Aucassin,
oui vraiment, c'est un bel adolescent;
et la jeune fille en corsage,
la blondinette,
10 au lumineux visage et à l'œil vif,
qui nous donna des deniers
avec lesquels nous achèterons des tartelettes,
des canifs avec leurs gaines,
des flûteaux et des cornets,
15 des massues et des pipeaux,
que Dieu la sauve! »

XXII

OR DIENT ET CONTENT ET FABLOIENT

Quant Aucassins oï les pastoriax, si li sovint de
Nicolete se tresdouce amie qu'il tant amoit, et si se
pensa qu'ele avoit la esté. Et il hurte le ceval des
eperons, si vint as pastoriax.

5   « Bel enfant, Dix vos i aït !

— Dix vos benie ! fait cil qui fu plus enparlés des
autres.

— Bel enfant, fait il, redites le cançon que vos disiés
ore !

10   — Nous n'i dirons, fait cil qui plus fu enparlés des
autres. Dehait ore [1] qui por vous i cantera, biax sire !

— Bel enfant, fait Aucassins, enne me conissiés vos ?

— Oïl, nos savions [2] bien que vos estes Aucassins
nos damoisiax, mais nos ne somes mie a vos, ains
15 somes au conte.

— Bel enfant, si ferés, je vos en pri.

— Os, por le cuerbé [3]! fait cil; por quoi canteroie
je por vos, s'il ne me seoit, quant il n'a si rice home
en cest païs, sans le cors [4] le conte Garin, s'il trovoit
20 mé bués ne mes vaces ne mes brebis en ses prés n'en
sen forment, qu'il fust mie tant herdis por les ex a
crever qu'il les [5] en ossast cacier ? Et por quoi canteroie je por vos, s'il ne me seoit ?

XXII

PARLÉ : RÉCIT ET DIALOGUE

Quand Aucassin entendit les pastoureaux, il se souvint de Nicolette sa très douce amie qu'il aimait tant et il conclut qu'elle était passée par là. Eperonnant son cheval, il vint aux pastoureaux :

5   « Chers enfants, que Dieu vous aide!

— Que Dieu vous bénisse! répondit celui qui parlait mieux que les autres.

— Chers enfants, fit-il, répétez la chanson que vous disiez il y a un instant.

10   — Nous ne la répéterons pas, dit celui qui parlait mieux que les autres. Au diable qui pour vous la chantera, cher seigneur!

— Chers enfants, reprit Aucassin, est-ce que vous me connaissez ?

15   — Que oui! Nous savions bien que vous êtes Aucassin, notre jeune seigneur, mais nous ne sommes pas vos sujets, nous sommes ceux du comte.

— Chers enfants, si, vous chanterez, je vous en prie.

— Non mais! Corbleu, répondit l'autre; pourquoi
20 chanterais-je pour vous, si je n'en avais pas envie, alors qu'il n'y a en ce pays, à l'exception du comte Garin lui-même, homme si important qui, s'il trouvait mes bœufs ou mes vaches ou mes brebis dans ses prés ou dans ses blés, fût assez hardi pour oser les en chas-
25 ser, dût-on lui crever les yeux ? Pourquoi donc chanterais-je pour vous, si je n'en avais pas envie ?

    — Se Dix vos aït, bel enfant, si ferés; et tenés dis
25 sous que j'ai ci en une borse.

    — Sire, les deniers prenderons nos, mais ce ne vos
canterai [6] mie, car j'en ai juré. Mais je le vos conterai,
se vos volés.
    — De par Diu, fait Aucassins, encor aim je mix
30 conter que nient.

    — Sire, nos estiiens orains si entre prime et tierce,
si mangiens no pain a ceste fontaine, ausi con nos
faisons ore; et une pucele vint ci, li plus bele riens du
monde, si que nos quidames que ce fust une fee, et
35 que tos cis bos en esclarci; si nos dona tant del sien [7]
que nos li eumes en covent, se vos veniés ci, nos vos
desisiens que vos alissiés cacier en ceste forest, qu'il
i a une beste que, se vos le poiiés prendre, vos n'en
donriiés mie un des menbres por cinc cens mars d'ar-
40 gent ne por nul avoir; car li beste a tel mecine que,
se vos le poés prendre, vos serés garis de vo mehaig;
et dedens trois jors le vos covien avoir prisse, et se
vos ne l'avés prise, ja mais ne le verrés. Or le caciés
se vos volés, et se vos volés si le laiscié, car je m'en
45 sui bien acuités vers li.

    — Bel enfant [8], fait Aucassins, assés en avés dit, et
Dix le me laist trover! »

— Par la grâce de Dieu, chers enfants, si, vous chanterez; et prenez donc dix sous que j'ai ici dans une bourse.

30 — Seigneur, nous prendrons les deniers, mais cette chanson, je ne vous la chanterai pas, j'en ai fait le serment; je vous la raconterai, si vous voulez.

— De par Dieu, répliqua Aucassin, je préfère encore que tu me la racontes plutôt que de ne rien avoir du 35 tout.

— Seigneur, nous étions donc ici dans la matinée entre six et neuf heures, et nous mangions notre pain auprès de cette source, tout comme maintenant, quand survint une jeune fille, la plus belle créature du monde, 40 si bien que nous nous imaginâmes que c'était une fée : tout ce bois en fut illuminé. Elle nous donna tant de sa bourse que nous lui fîmes la promesse que, si vous veniez ici, nous vous conseillerions d'aller chasser dans cette forêt : il y a une bête telle que, si vous pou- 45 viez la capturer, vous ne donneriez pas un seul de ses membres pour cinq cents marcs d'argent, ni pour tout l'or du monde. Elle a, en effet, une telle vertu que, si vous pouvez la capturer, vous serez guéri de votre blessure; mais il faut que vous l'ayez capturée avant 50 trois jours; sinon, vous ne la verrez jamais. Mainte- nant, vous êtes libre de la poursuivre ou d'y renoncer : moi, je me suis acquitté de la promesse que je lui ai faite.

— Chers enfants, fit Aucassin, vous m'en avez bien 55 assez dit. Que Dieu m'accorde de la découvrir!

XXIII

OR SE CANTE

Aucassins oï les mos
de s'amie o le gent cors,
mout li entrerent el cors.
Des pastoriax se part tost,
5   si entra el parfont bos.
Li destriers li anble [1] tost,
bien l'en porte les galos.
Or parla, s'a dit trois mos :
« Nicolete o le gent cors,
10   por vos sui venus en bos :
je ne cac ne cerf ne porc,
mais por vos siu les esclos.
Vo vair oiel et vos gens cors,
vos biax ris et vos dox mos
15   ont men cuer navré a mort.
Se Dix plaist le pere fort,
je vous reverai encor,
     suer, douce amie. »

XXIII

CHANTÉ

Aucassin entendit les paroles
de son amie au corps gracieux :
elles s'imprimèrent en lui.
Il s'éloigna aussitôt des pastoureaux
5 et s'enfonça dans le bois.
Son destrier prit un amble rapide
et l'emporta au galop.
Aucassin dit alors ces quelques mots :
« Nicolette au corps gracieux,
10 c'est pour vous que je suis venu au bois ;
je ne chasse ni cerf, ni sanglier,
mais ce sont vos traces que je suis.
Vos yeux vifs, votre corps gracieux,
votre beau rire, vos douces paroles
15 m'ont mortellement blessé le cœur.
Mais, s'il plaît à Dieu, le père tout-puissant,
je vous reverrai encore,
    ma sœur, ma douce amie. »

XXIV

OR DIENT ET CONTENT ET FABLOIENT

Aucassins ala par le forest de voie en voie et li
destriers l'en porta grant aleure. Ne quidiés mie que
les ronces et les espines l'esparnaiscent. Nenil nient!
ains li desronpent ses dras qu'a painnes peust on nouer
5   desu el plus entier, et que li sans li isci des bras et des
costés et des ganbes¹ en quarante lius u en trente,
qu'aprés le vallet peust on suir le trace du sanc qui
caoit² sor l'erbe. Mais il pensa tant a Nicolete sa
douce amie, qu'i ne sentoit ne mal ne dolor; et ala
10 tote jor par mi le forest si faitement que onques n'oï
noveles de li, et quant il vit que li vespres aproçoit,
si comença a plorer por çou qu'il ne le trovoit.

Tote une viés voie herbeuse cevaucoit, s'esgarda
devant lui en mi le voie, si vit un vallet tel con je vos
15 dirai. Grans estoit et mervellex et lais et hidex. Il avoit
une grande hure plus noire qu'une carbouclee³, et
avoit plus de planne paume entre deus ex, et avoit
unes⁴ grandes joes et un grandisme⁵ nés plat et unes
grans⁶ narines lees et unes grosses levres plus rouges
20 d'une carbounee⁷ et uns grans dens gaunes et lais; et

XXIV

PARLÉ : RÉCIT ET DIALOGUE

Aucassin va par la forêt, d'un chemin à l'autre, et son destrier l'emporte à vive allure. N'allez pas vous imaginer que les ronces et les épines l'épargnent. Pas le moins du monde! Bien au contraire, elles lui mettent
5   en pièces ses vêtements à un point tel que l'on aurait eu beaucoup de peine à faire un nœud avec le morceau le moins déchiré et que le sang lui coule des bras, des côtés, des jambes, sinon en quarante endroits, du moins en trente, si bien que, derrière le jeune homme,
10 on aurait pu suivre la trace du sang qui tombait sur l'herbe. Mais il était tellement absorbé par la pensée de Nicolette sa douce amie qu'il ne ressentait ni mal ni douleur. Il chemina tout le jour à travers la forêt sans qu'il apprît aucune nouvelle de son amie. Aussi,
15 en voyant tomber le soir, commença-t-il à pleurer parce qu'il ne la trouvait pas.

Comme il chevauchait au long d'un vieux sentier herbeux, il regarda devant lui au milieu du chemin et vit un jeune homme dont voici le portrait : grand,
20 monstrueusement laid et horrible, une hure énorme et plus noire que le charbon des blés, plus de la largeur d'une main entre les deux yeux, d'immenses joues, un gigantesque nez plat, d'énormes et larges narines, de grosses lèvres plus rouges qu'un biftèque, d'affreuses

estoit cauciés d'uns housiax [8] et d'uns sollers [9] de buef
fretés de tille dusque deseure le genol, et estoit afulés [10]
d'une cape a deus envers, si estoit apoiiés sor une
grande maçue [11].

25   Aucassins s'enbati sor lui, s'eut grant paor quant il
le sorvit.
    « Biax frere, Dix t'i aït!
    — Dix vos benie! fait cil [12].
    — Se Dix t'aït, que fais tu ilec ?
30   — A vos que monte ? fait cil.
    — Nient, fait Aucassins. Je nel vos demant se por
bien non.
    — Mais por quoi plourés vos, fait cil, et faites si
fait duel ? Certes, se j'estoie ausi rices hom que vos
35 estes, tos li mons ne me feroit mie plorer.

    — Ba! me connissiés vos ? fait Aucassins.
    — Oie, je sai bien que vos estes Aucassins, li fix le
conte, et se vos me dites por quoi vos plorés, je vos
dirai que je fac ci.
40   — Certes, fait Aucassins, je le vos dirai molt volentiers. Je vig hui matin cacier en ceste forest, s'avoie un
blanc levrer, le plus bel del siecle, si l'ai perdu : por ce
pleur jou.
    — Os! fait cil, por le cuer que cil Sires eut en sen
45 ventre! que vos plorastes por un cien puant ? Mal
dehait ait qui ja mais vos prisera, quant il n'a si rice
home en ceste terre, se vos peres l'en mandoit dis u
quinse u vint, qu'il [13] ne les eust trop volentiers, et s'en
esteroit trop liés. Mais je doi plorer et dol faire.

50   — Et tu de quoi, frere ?
    — Sire, je le vous dirai. J'estoie luiés a un rice
vilain [14], si caçoie se carue [15], quatre bués i avoit. Or
a trois jors qu'il m'avint une grande malaventure, que
je perdi li mellor [16] de mes bués, Roget [17], le mellor de
55 me carue, si le vois querant [18], si ne mengai ne ne buc
trois jors a passés, si n'os aler a le vile, c'on me metroit
en prison, que je ne l'ai de quoi saure [19] : de tot l'avoir

25 longues dents jaunes. Il portait des jambières et des
souliers en cuir de bœuf que des cordes en écorce de
tilleul maintenaient autour de la jambe jusqu'au-dessus
du genou. Il était habillé d'un manteau sans envers ni
endroit, et s'appuyait sur une longue massue.

30   Aucassin se précipita vers lui : quelle fut sa peur quand
il le vit de plus près !

   « Cher frère, que Dieu t'aide !

   — Que Dieu vous bénisse ! répondit l'autre.

   — Par la grâce de Dieu, que fais-tu en ce lieu ?

35   — Qu'est-ce que ça peut vous faire ? repartit l'autre.

   — Rien du tout, dit Aucassin ; je n'ai, en vous le
demandant, que de bonnes intentions.

   — Mais vous, pourquoi pleurez-vous, reprit l'autre,
et manifestez-vous une telle douleur ? En vérité, si
40 j'étais aussi riche que vous l'êtes, le monde entier ne
pourrait me faire pleurer.

   — Eh bien ! vous me connaissez donc ? fit Aucassin.

   — Oui, je sais bien que vous êtes Aucassin, le fils
du comte : si vous me dites pourquoi vous pleurez, je
45 vous dirai ce que je fais ici.

   — En vérité, répondit Aucassin, je vous le dirai très
volontiers. Ce matin donc, je suis venu chasser dans
cette forêt ; j'avais un lévrier blanc, le plus beau du
monde, et je l'ai perdu : voilà pourquoi je pleure.

50   — Non mais ! fit l'autre, par le cœur que Notre-Sei-
gneur porta en sa poitrine, quoi ? vous avez pleuré
pour un sale cabot ? A tous les diables qui jamais vous
estimera, puisqu'il n'est en ce pays d'homme si puissant qui, si votre père lui demandait dix, quinze,
55 vingt chiens, ne soit très heureux de les lui donner
bien volontiers. Mais moi, j'ai de bonnes raisons de
pleurer et d'être affligé.

   — Pourquoi, mon frère ?

   — Seigneur, je vais vous le dire. Je m'étais engagé
60 chez un riche paysan dont je conduisais l'attelage
composé de quatre bœufs. Mais voici que m'est arrivé,
il y a trois jours, un grand malheur, car j'ai perdu le
meilleur de mes bœufs, Rouget, le meilleur de mon
attelage. Depuis, je le cherche partout, et je n'ai ni
65 mangé ni bu depuis trois jours. Je n'ose pas retourner

du monde n'ai je plus vaillant que vos veés sor le cors
de mi. Une lasse mere avoie, si n'avoit plus vaillant
60 que une keutisele [20], si li a on sacie de desou le dos, si
gist a pur l'estrain, si m'en poise assés plus que de mi;
car avoirs va et vient : se j'ai or perdu, je gaaignerai
une autre fois, si sorrai mon buef quant je porrai, ne
ja por çou n'en plouerai [21]. Et vos plorastes por un
65 cien de longaigne [22] ? Mal dehait ait qui ja mais vos
prisera!

— Certes, tu es de bon confort, biax frere; que
benois soies tu! Et que valoit tes bués ?
— Sire, vint sous m'en demande on; je n'en puis
70 mie abatre une seule maaille [23].
— Or tien, fait Aucassins, vint [24] que j'ai ci en me
borse, si sol ten buef.
— Sire, fait il, grans mercis, et Dix vos laist trover
ce que vos querés! »
75 Il se part de lui; Aucassins si cevauce. La nuis fu
bele et quoie, et il erra tant qu'il vin[t pres de la u li
set cemin aforkent] si v[it devant lui le loge que vos
savés que] Nicolete [avoit fete, et le loge estoit forree] [25]
defors et dedens et par deseure et devant de flors, et
80 estoit si bele que plus ne pooit estre.

Quant Aucassins le perçut, si s'aresta tot a un fais,
et li rais de le lune feroit ens.
« E! Dix, fait Aucassins, ci fu Nicolete me douce
amie, et ce fist ele a ses beles mains. Por le douçour
85 de li et por s'amor me descenderai je ore ci et m'i
reposerai anuit mais [26]. »

Il mist le pié fors de l'estrier por descendre, et li
cevaus fu grans et haus; il pensa tant a Nicolete se
tresdouce amie qu'il caï si durement sor une piere que
90 l'espaulle li vola hors du liu. Il se senti molt blecié,
mais il s'efforça tant au mix qu'il peut et ataca son

à la ville, car on me mettrait en prison, vu que je n'ai
pas de quoi le payer : de tous les biens de ce monde
je n'ai pour toute fortune que ce que vous me voyez
sur le dos. J'avais une pauvre mère qui n'avait pour
70 toute fortune qu'un misérable matelas : on le lui a
arraché de dessous le dos, et elle est couchée à même
la paille. Son sort m'afflige beaucoup plus que le
mien ; car la richesse va et vient : si maintenant j'ai
perdu, je gagnerai une autre fois, et je paierai mon
75 bœuf quand je le pourrai. Ce n'est pas cela qui me
fera pleurer. Mais vous, vous pleuriez pour une saleté
de chien ? A tous les diables qui jamais vous estimera !
— A coup sûr, tu es réconfortant, mon cher frère.
Béni sois-tu ! Mais que valait ton bœuf ?
80 — Seigneur, vingt sous on m'en demande : impossible d'en faire rabattre une seule maille.
— Tiens donc, fit Aucassin, en voici vingt que j'ai
dans ma bourse, et paie ton bœuf.
— Seigneur, dit le paysan, merci beaucoup, et que
85 Dieu vous permette de trouver ce que vous cherchez ! »
Il le quitte, et Aucassin de chevaucher. La nuit
était belle et paisible. A force de cheminer, il parvint
près de l'endroit d'où rayonnent les sept chemins et
il vit devant lui la hutte que Nicolette, vous le savez,
90 avait faite et tapissée de fleurs au-dehors et au-dedans,
au-dessus comme sur le devant : elle était d'une beauté
insurpassable.
Quand Aucassin l'aperçut, il s'arrêta net : un rayon
de lune tombait à l'intérieur.
95 « Ah ! mon Dieu, fit Aucassin, Nicolette ma douce
amie a passé par ici, et cette hutte, elle l'a faite de ses
belles mains. Parce qu'elle est douce et que je l'aime,
je vais descendre ici même et m'y reposer toute la
nuit. »
100 Il sortit le pied de l'étrier pour descendre, mais son
cheval était grand et haut, et Aucassin pensait tant à
Nicolette sa très douce amie qu'il tomba lourdement
sur une pierre au point de se démettre l'épaule. Il se
sentit sérieusement blessé, mais, s'efforçant tant et
105 plus, il attacha, de l'autre main, son cheval à un arbris-
seau épineux et se tourna sur le côté en sorte qu'il

ceval a l'autre main a une espine, si se torna sor costé
tant qu'il vint tos souvins en le loge. Et il garda par
mi un trau de le loge, si vit les estoiles el ciel, s'en i
95 vit une plus clere des autres, si conmença a dire :

réussit à pénétrer sur le dos dans la hutte. Il regarda
par un trou de la hutte et vit les étoiles dans le ciel :
l'une d'entre elles brillait plus que les autres. Il se
110 mit à dire :

XXV

OR SE CANTE

« Estoilete [1], je te voi,
que la lune trait a soi.
Nicolete est aveuc toi,
m'amïete o le [2] blont poil.
5   Je quid Dix [3] le veut avoir
por la lu[mier]e de s[oir] [4]
[que par li plus bele soit.
Douce suer, com me plairoit
se monter pooie droit,] [5]
10   que que fust du recaoir,
que fuisse lassus o toi!
Ja te baiseroie estroit.
Se j'estoie fix a roi,
s'afferriés vos bien a moi,
15   suer, douce amie [6]. »

XXV

CHANTÉ

« Petite étoile, je te vois,
que la lune attire à soi.
Nicolette est avec toi,
ma douce amie aux blonds cheveux.
5   Je crois que Dieu veut l'avoir avec lui
afin qu'elle rende encore plus belle
la lumière du soir.
Ma douce sœur, comme je serais heureux
si je pouvais monter tout droit,
10   — peu importe la chute —
et être là-haut à tes côtés :
comme je te couvrirais de baisers!
Si j'étais fils de roi,
vous seriez bien digne de moi,
15   ma sœur, ma douce amie. »

XXVI

OR DIENT ET CONTENT ET FABLOIENT

Quant Nicolete oï Aucassin, ele vint a lui, car ele n'estoit mie lonc. Ele entra en la loge, si li jeta ses bras au col, si le baisa et acola.

« Biax doux amis, bien soiiés vos trovés [1]!
5   — Et vos, bele douce amie, soiés li bien trovee! »
Il s'entrebaissent et acolent, si fu la joie bele.

« Ha! douce amie, fait Aucassins, j'estoie ore molt bleciés en m'espaulle, et or ne senc ne mal ne dolor, pui que je vos ai. »
10   Ele le portasta [2] et trova qu'il avoit l'espaulle hors du liu. Ele le mania tant a ses blances mains et porsaca, si con Dix le vaut [3] qui les amans ainme, qu'ele revint a liu. Et puis si prist des flors et de l'erbe fresce et des fuelles verdes, si le loia sus au pan de sa cemisse,
15   et il fu tox garis.

« Aucassins, fait ele, biaus dox amis, prendés consel que vous ferés : se vos peres fait demain cerquier ceste forest et on me trouve, que que de vous aviegne, on m'ocira.
20   — Certes, bele douce amie, j'en esteroie molt dolans; mais, se je puis, il ne vos tenront ja. »

Il monta sor son ceval et prent s'amie devant lui, baisant et acolant, si se metent as plains cans.

XXVI

PARLÉ : RÉCIT ET DIALOGUE

Quand Nicolette entendit Aucassin, elle vint à lui, car elle n'était pas loin. Elle entra dans la hutte, elle lui jeta les bras autour du cou, l'embrassa, le serra contre elle.

5 « Mon très cher ami, soyez le bienvenu!

— Et vous, ma très chère amie, soyez la bienvenue! »

Ils s'embrassent et s'étreignent : quelle joie délicieuse!

« Ah! ma chère amie, à l'instant j'étais grièvement
10 blessé à l'épaule, et maintenant je ne sens ni mal ni douleur, du moment que je vous ai avec moi. »

Lui tâtant l'épaule de tous côtés, elle trouva qu'il l'avait démise. Elle la massa tant de ses blanches mains, la tira si bien en tous sens que, selon la volonté de
15 Dieu qui aime les amants, elle la remit à sa place. Elle cueillit ensuite des fleurs, de l'herbe fraîche, des feuilles vertes qu'elle appliqua dessus avec un pan de sa chemise. Ainsi fut-il complètement guéri.

« Aucassin, fit-elle, mon très cher ami, réfléchissez
20 à ce que vous ferez : si votre père demain fait fouiller cette forêt et qu'on me trouve, on me tuera, quel que soit votre sort.

— En vérité, ma très chère amie, j'en serais très affligé; mais, si je le peux, ils ne vous prendront
25 jamais. »

Il monte sur son cheval et place devant lui son amie qu'il embrasse et serre contre son cœur. Ils gagnent ainsi la plaine.

XXVII

OR SE CANTE [1]

Aucassins li biax, li blons,
li gentix, li amorous,
est issus del gaut parfont,
entre ses bras ses amors
5 devant lui sor son arçon;
les ex li baise et le front
et le bouce et le menton.
Ele l'a mis a raison [2] :
« Aucassins, biax amis dox,
10 en quel tere en irons nous ?
— Douce amie, que sai jou ?
Moi ne caut u nous aillons,
en forest u en destor,
mais que je soie aveuc vous. »
15 Passent les vaus et les mons
et les viles et les bors;
a la mer vinrent au jor,
si descendent u sablon
les le rivage [3].

XXVII

CHANTÉ

Aucassin le beau, le blond,
le noble et l'amoureux,
est sorti du bois profond,
son amour entre ses bras,
5   devant lui, sur l'arçon de sa selle.
Il la baise sur les yeux, le front,
la bouche et le menton.
Elle l'a interrogé :
« Aucassin, mon ami très cher,
10 en quel pays nous en irons-nous ?
   — Ma douce amie, comment le savoir ?
Peu m'importe où nous allions,
dans une forêt ou en un lieu écarté,
pourvu que je sois avec vous. »
15 Ils passent les vallées et les monts,
les villes et les bourgs.
Au jour, ils atteignirent la mer
et descendirent sur le sable
    le long du rivage.

XXVIII

OR DIENT ET CONTENT ET FABLOIENT

Aucassins fu descendus entre lui et s'amie [1], si con
vous avés oï et entendu. Il tint son ceval par le resne
et s'amie par le main, si conmencent aler selonc le
rive.
5   [Et Aucassins vit passer une nef, s'i aperçut les
marceans qui sigloient tot prés de le rive [2].] Il les acena [3]
et il vinrent a lui, si fist tant vers aus qu'i lé missen [4]
en lor nef. Et quant il furent en haute mer, une tormente leva, grande et mervelleuse, qui les mena de
10 tere en tere, tant qu'il ariverent en une tere estragne [5]
et entrerent el port du castel de Torelore. Puis demanderent ques terre c'estoit, et on lor dist que c'estoit le
tere le roi de Torelore [6]; puis demanda quex hon
c'estoit [7], ne s'il avoit gerre, et on li dist :

15   « Oïl, grande. »
Il prent congié as marceans et cil le conmanderent
a Diu. Il monte sor son ceval, s'espee çainte, s'amie
devant lui, et erra tant qu'il vint el castel. Il demande
u li rois estoit, et on li dist qu'il gissoit [8] d'enfent.

20   « Et u est dont se femme ? »
Et on li dist qu'ele est en l'ost [9] et si i avoit mené
tox ciax du païs. Et Aucassins l'oï, si li vint a grant

XXVIII

PARLÉ : RÉCIT ET DIALOGUE

Aucassin était descendu en compagnie de son amie, comme vous l'avez entendu; il tenait son cheval par la bride et son amie par la main. Ils commencèrent à longer la rive.

5 Aucassin vit passer un navire où il aperçut des marchands qui faisaient voile à proximité de la rive. Il les héla, ils vinrent à lui. Il les pria tant qu'ils les embarquèrent. En haute mer, une tempête s'éleva, violente, effrayante, qui les poussa de terre en terre,

10 si bien qu'ils atteignirent un pays étranger et pénétrèrent dans le port du château de Turelure. Ils demandèrent quel pays c'était : on leur répondit que c'était le pays du roi de Torelure; puis Aucassin demanda quel homme c'était et s'il était en guerre : on lui

15 répondit :

« Oui, il soutient une guerre terrible. »

Il prit congé des marchands qui le recommandèrent à Dieu. Il monta sur son cheval, l'épée au côté, son amie, devant lui et, à force de chevaucher, il parvint

20 au château. Comme il s'enquérait du roi, on lui répondit qu'il était au lit : il venait d'être père.

« Et où est donc sa femme ? »

On lui répondit qu'elle était à la guerre, à la tête de tous les habitants du pays. Cette nouvelle stupéfia

25 Aucassin qui se dirigea vers le palais où il descendit

merveille; et vint au palais et descendi entre lui et
s'amie. Et ele tint son ceval et il monta u palais, l'espee
25   çainte, et erra tant qu'il vint en le canbre [10] u li rois
gissoit.

en compagnie de son amie. Tandis qu'elle tenait son cheval, il monta au palais, l'épée au côté, et, à force de marcher, il parvint à la chambre où le roi était couché.

XXIX

OR SE CANTE

En le canbre entre Aucassins,
li cortois et li gentis.
Il est venus dusque au lit,
alec u li rois se gist [1];
5   par devant lui s'arestit,
si parla; oés que [2] dist :
« Di va! fau, que fais tu ci ? »
Dist li rois : « Je gis d'un fil.

Quant mes mois sera conplis
10   et je sarai [3] bien garis,
dont irai le messe [4] oïr,
si com mes anc[estre fist] [5],
et me grant guerre esbaudir [6]
encontre mes anemis :
15   nel lairai mie [7]. »

XXIX

CHANTÉ

Dans la chambre entre Aucassin
le courtois et le noble.
Parvenu au lit,
à l'endroit où est couché le roi,
5 il s'arrête devant lui
et lui parle. Mais écoutez plutôt ses propos :
« Allons! fou que tu es, que fais-tu ici ? »
Le roi lui répondit : « Je suis couché, je viens d'avoir
  un fils.
10 Quand mon mois sera accompli,
et que je serai complètement rétabli,
alors j'irai entendre la messe,
comme le fit mon ancêtre,
puis je reprendrai avec énergie la grande guerre
15 que j'ai contre mes ennemis :
  je ne la négligerai pas. »

XXX

OR DIENT ET CONTEN ET FABLOIENT [1]

Quant Aucassins oï ensi le roi parler, il prist tox les
dras qui sor lui estoient, si les houla aval le canbre. Il
vit deriere lui un baston, il le prist, si torne, si fiert, si
le bati tant que mort le dut avoir.

5   « Ha! biax sire, fait li rois, que me demandés vos?
Avés vos le sens dervé [2], qui en me maison me batés?

— Par le cuer Diu! fait Aucassins, malvais fix a
putain, je vos ocirai, se vos ne m'afiés que ja mais hom
en vo tere d'enfant ne gerra [3]. »

10   Il li afie; et quant il li ot afié
« Sire, fait Aucassins, or me menés la u vostre fenme
est en l'ost.
— Sire, volentiers », fait li rois.
Il monte sor un ceval, et Aucassins monte sor le
15 sien, et Nicolete remest [4] es canbres la roine. Et li rois
et Aucassins cevaucierent tant qu'il vinrent la u la
roine estoit, et troverent la bataille de poms de bos
waumonnés [5] et d'ueus et de fres fromages. Et Aucassins les commença a regarder, se s'en esmevella molt
durement [6].

XXX

PARLÉ : RÉCIT ET DIALOGUE

A ces mots, Aucassin empoigna tous les draps qui recouvraient le roi et les lança à travers la chambre. Apercevant derrière lui un bâton, il alla le prendre, s'en revint et frappa : il battit le roi si dru qu'il fail-
5 lit le tuer.

« Ah! Ah! cher seigneur, dit le roi, que voulez-vous de moi ? Avez-vous l'esprit dérangé pour me battre en ma propre maison ?

— Par le cœur de Dieu! répondit Aucassin, sale fils
10 de putain, je vous tuerai, si vous ne me promettez pas que jamais plus homme de votre terre ne restera couché après la naissance d'un enfant. »

Le roi le lui promit. La promesse faite,

« Seigneur, reprit Aucassin, menez-moi donc là où
15 votre femme commande l'armée.

— Bien volontiers, seigneur », lui répondit le roi.

Il monta sur un cheval, et Aucassin sur le sien, tandis que Nicolette restait dans l'appartement de la reine. Le roi et Aucassin, à force de chevaucher, par-
20 vinrent à l'endroit où se trouvait la reine et tombèrent en pleine bataille de pommes des bois blettes, d'œufs et de fromages frais. Aucassin commença à les regarder, au comble de l'étonnement.

XXXI

OR SE CANTE [1]

Aucassins est arestés,
sor son arçon acoutés,
si coumence a regarder
ce plenier estor canpel [2].
5 Il avoient aportés [3]
des fromage[s] fres assés
et puns de bos waumonés
et grans canpegneus canpés.
Cil qui mix torble les gués
10 est li plus sire clamés.
Aucassins, li prex, li ber,
les coumence a regarder,
    s'en prist a rire.

XXXI

CHANTÉ

Aucassin s'est arrêté,
appuyé à l'arçon de sa selle,
et il commence à contempler
cette violente bataille rangée.
5 Les combattants s'étaient munis
de nombreux fromages frais,
de pommes des bois blettes
et d'énormes champignons des prairies.
Qui trouble le plus l'eau des gués
10 est proclamé le prince des chevaliers.
Aucassin le vaillant et le noble
commence à les regarder
et se met à rire.

XXXII

OR DIENT ET CONTENT ET FLABENT

Quant Aucassins vit cele mervelle, si vint au roi,
si l'apele.

« Sire, fait Aucassins, sont ce ci vostre anemi ?

— Oïl, sire, fait li rois.

5 — Et vouriiés vos que je vos en venjasse ?

— Oie[1], fait il, volentiers. »

Et Aucassins met le main a l'espee, si se lance en
mi ax, si conmence a ferir a destre et a senestre, et
s'en ocit molt. Et quant li rois vit qu'i les ocioit, il
10 le prent par le frain et dist :

« Ha! biax sire, ne les ociés mi[e] si faitement.

— Conment ? fait Aucassins. En[2] volés vos que je
vos venge ?

— Sire, dist li rois, trop en avés vos fait : il n'est
15 mie costume que nos entrocions li uns l'autre. »

Cil tornent en fuies; et li rois et Aucassins s'en
repairent au castel de Torelore. Et les gens del païs
dient au roi qu'il cast Aucassins[3] fors de sa tere, et
si detiegne Nicolete aveuc son fil, qu'ele sanbloit bien
20 fenme de haut lignage. Et Nicolete l'oï, si n'en fu m[i]e
lie, si conmença a dire.

XXXII

PARLÉ : RÉCIT ET DIALOGUE

A la vue de cette scène étonnante, Aucassin vint
au roi qu'il interpella :

« Seigneur, fit-il, sont-ce là vos ennemis ?

— Oui, seigneur, répondit le roi.

5 — Voudriez-vous que je vous en venge ?

— Oui, dit-il, bien volontiers. »

Aucassin met la main à l'épée, se lance au milieu
des combattants, commence de frapper à droite et à
gauche, tuant beaucoup de gens. Mais le roi, quand il
10 s'en rendit compte, le saisit par la bride de son cheval
en disant :

« Ah! cher seigneur, ne les tuez pas de cette manière!

— Comment ? dit Aucassin, ne voulez-vous pas que
je vous venge ?

15 — Seigneur, fit le roi, vous avez été trop loin : nous
n'avons pas l'habitude de nous entretuer les uns les
autres. »

Les adversaires en fuite, le roi et Aucassin s'en
reviennent au château de Torelore où les habitants du
20 pays disent au prince de chasser de sa terre Aucassin
et de retenir Nicolette aux côtés de son fils car elle
semblait bien femme de grande famille. Ces propos que
Nicolette entendit ne la réjouirent pas, et elle commença à dire :

XXXIII

OR SE CANTE

« Sire rois de Torelore,
ce dist la bele Nichole,
vostre gens me tient por fole[1] :
quant mes dox amis m'acole
5   et il me sent grasse et mole[2],
dont sui jou a tele escole[3],
baus[4] ne tresce[5] ne carole[6],
harpe[7], gigle ne viole,
ne deduis de la nimpole[8]
10   n'i vauroit mie. »

XXXIII

CHANTÉ

« Souverain seigneur de Torelore,
dit la belle Nicole,
vos sujets me prennent donc pour folle :
quand mon doux ami me serre dans ses bras
5 et qu'il sent contre lui la douceur de mon corps,
j'éprouve alors un tel bonheur
que ni danse, farandole, ou ronde,
ni harpe, violon ou viole,
ni le plaisir du jeu de dames
10 ne conserveraient à mes yeux la moindre valeur.

XXXIV

OR DIENT ET CONTENT ET FLABOIENT

Aucassins fu el castel de Torelore, et Nicolete s'amie, a grant aise et a grant deduit, car il avoit aveuc lui Nicolete sa douce amie que tant amoit.

En ço qu'il estoit en tel aisse et en tel deduit, et uns
5 estores[1] de Sarrasins vinrent par mer, s'asalirent au castel, si le prissent par force; il prissent l'avoir, s'en menerent caitis et kaitives; il prissent Nicolete et Aucassin, et si loierent[2] Aucassin les mains et les piés, et si le jeterent en une nef et Aucassin[3] en une autre;
10 si leva une tormente par mer que[4] les espartist.

Li nés[5] u Aucassins estoit ala tant par mer waucrant[6] qu'ele ariva au castel de Biaucaire; et les gens du païs cururent au lagan[7], si troverent Aucassin, si le reconurent. Quant cil de Biaucaire virent lor damoi-
15 sel, s'en fisent grant joie, car Aucassins avoit bien mes u[8] castel de Torelore trois ans, et ses peres et se mere estoient mort. Il le menerent u castel de Biaucaire, si devinrent tot si home[9], si tint se tere en pais.

XXXIV

PARLÉ : RÉCIT ET DIALOGUE

Aucassin vivait donc au château de Torelore, en compagnie de son amie Nicolette, coulant des jours heureux et agréables : n'avait-il pas à ses côtés Nicolette sa douce amie qu'il aimait tant ?

5 Mais voici qu'au milieu de ces plaisirs et de ces joies, une flotte de Sarrasins survint de la mer : ils attaquèrent le château qu'ils prirent de vive force et pillèrent; ils repartirent avec des prisonniers et des prisonnières, parmi lesquels Nicolette et Aucassin : ils
10 lièrent les mains et les pieds de celui-ci; ils jetèrent Nicolette dans un navire et Aucassin dans un autre. Sur mer s'éleva une tempête qui les sépara.

Le navire d'Aucassin, à force de dériver, s'échoua près du château de Beaucaire. Les gens du pays, accou-
15 rus pour piller l'épave, découvrirent Aucassin et le reconnurent. Les habitants de Beaucaire, à la vue de leur jeune seigneur, débordèrent de joie, car Aucassin était bien resté trois années au château de Torelore, et son père et sa mère étaient morts. Ils le menèrent
20 au château de Beaucaire où ils lui jurèrent foi et hommage. Dès lors, il gouverna paisiblement son pays.

XXXV

OR SE CANTE

Aucassins s'en est alés
a Biaucaire sa cité.
Le païs et le regné [1]
tint trestout en quiteé.
5   Jure Diu de maïsté
qu'il li poise [2] plus assés
de Nicholete au vis cler
que de tot sen parenté
s'il estoit a fin alés.
10   « Douce amie o le vis cler,
or ne vous ai u quester;
ainc Diu ne fist ce regné
ne par terre ne par mer,
se t'i quidoie trover,
15   ne t'i quesisce [3]. »

XXXV

CHANTÉ

Aucassin s'en est allé
à Beaucaire sa cité.
Il gouverne le pays
et le comté sans rencontrer d'opposition.
5   Mais il jure par le Dieu de majesté
qu'il est beaucoup plus affligé
pour Nicolette au visage lumineux
que pour tous ses parents,
quand bien même il les perdrait tous.
10   « Ma douce amie au visage lumineux,
je ne sais maintenant où te rechercher,
bien que Dieu n'ait créé de royaume
où, par terre comme par mer,
je ne partisse à ta recherche
15   si je pensais t'y trouver. »

XXXVI

OR DIENT ET CONTENT ET FABLOIEN

Or lairons d'Aucassin, si dirons de Nicolete.

La nes u Nicolete estoit [estoit [1]] le roi de Cartage,
et cil estoit ses peres, et si avoit dose frere[s], tox
princes u rois. Quant il virent Nicolete si bele, se li
5 porterent molt grant honor et fisent feste de li, et molt
li demanderent qui ele estoit, car molt sanbloit bien
gentix fenme et de haut [lignage [2]]. Mais ele ne lor sot
a dire qui ele estoit, car ele fu pree [3] petis enfes.

Il nagierent [4] tant qu'il ariverent desox le cité de
10 Cartage, et quant Nicolete vit les murs del castel et
le païs, ele se reconut, qu'ele i avoit esté norie [5] et
pree petis enfes, mais ele ne fu mie si petis enfes que
ne seust bien qu'ele avoit esté fille au roi de Cartage
et qu'ele avoi[t] esté norie en le cité.

XXXVI

PARLÉ : RÉCIT ET DIALOGUE

Laissons maintenant Aucassin pour parler de Nicolette.

La nef qui emportait Nicolette appartenait au roi de Carthagène qui était son père, et elle avait douze
5   frères, tous princes ou rois. Lorsqu'ils virent Nicolette si belle, ils lui prodiguèrent des marques d'honneur et la fêtèrent, lui demandant avec insistance qui elle était, car elle avait tous les traits d'une noble femme de haut parage. Mais elle fut incapable de les renseigner : elle
10   avait été enlevée dans sa petite enfance.

A force de naviguer, ils abordèrent sous les murailles de la cité de Carthagène. Dès qu'elle vit les murs du château et le pays, Nicolette se reconnut, car elle y avait été élevée et enlevée dans sa petite enfance, et
15   elle n'était pas assez jeune pour ignorer qu'elle était la fille du roi de Carthagène et qu'elle avait été élevée dans cette cité.

XXXVII

OR SE CANTE

Nichole li preus, li sage,
est arivee a rivage,
voit les murs et les astages [1]
et les palais et les sales ;
5 dont si s'est clamee lasse :
« Tant mar [2] fui de haut parage,
ne fille au roi de Cartage [3],
ne cousine l'amuaffle [4] !
Ci me mainnent gent sauvages.
10 Aucassin gentix et sages,
frans damoisiax honorables,
vos douces amors me hastent
et semonent et travaillent [5].
Ce doinst Dix l'esperitables
15 c'oncor vous tiengne en me brace [6],
et que vos baissiés me face
et me bouce et mon visage,
damoisiax sire. »

XXXVII

CHANTÉ

La vaillante et honnête Nicole
a touché le rivage.
Elle voit les murs, les habitations,
les palais, les salles;
5   elle se lamente alors de son infortune :
« Quel malheur pour moi que d'être d'une grande
    famille,
que d'être la fille du roi de Carthagène
et la cousine de l'émir!
En ce lieu m'emmènent des barbares.
10   Noble et honnête Aucassin,
jeune seigneur plein de générosité et d'honneur,
la douceur de votre amour me presse,
me harcèle, me tourmente.
Puisse Dieu le père spirituel m'accorder
15   que je vous tienne encore dans mes bras
et que vous m'embrassiez la face,
la bouche, le visage,
    mon jeune seigneur. »

XXXVIII

OR DIENT ET CONTENT ET FABLOIENT

Quant li rois de Cartage oï Nicolete ensi parler, il
li geta ses bras au col.

« Bele douce amie, fait il, dites moi qui vos estes.
Ne vos esmaiiés mie de mi.

5   — Sire, fait ele, je sui fille au roi de Cartage et fui
preée petis enfes, bien a quinse ans. »

Quant il l'oïrent ensi parler [1], si seurent bien qu'ele
disoit voir, si fissen de li molt grant feste, si le menerent
u palais a grant honeur, si conme fille de roi. Baron li
10   vourent doner un roi de paiiens, mais ele n'avoit cure
de marier.

La fu bien trois jors u quatre. Ele se porpensa par
quel engien [2] ele porroit Aucassin querre. Ele quist
une viele [3], s'aprist a vieler, tant c'on le vaut marier
15   un jor a un roi rice paiien. Et ele s'enbla la nuit, si
vint au port de mer, si se herbega ciés une povre
fenme sor le rivage; si prist une herbe, si en oinst [4]
son cief et son visage, si qu'ele fu tote noire et tainte.
Et ele fist faire cote [5] et mantel et cemisse et braies [6],
20   si s'atorna a guise de jogleor, si prist se viele, si vint
a un marounier [7], se fist tant vers lui qu'il le mist en

XXXVIII

PARLÉ : RÉCIT ET DIALOGUE

Quand le roi de Carthagène entendit Nicolette parler ainsi, il lui jeta les bras autour du cou :

« Ma très chère amie, fit-il, dites-moi qui vous êtes; n'ayez pas peur de moi.

5 — Seigneur, répondit-elle, je suis la fille du roi de Carthagène et fus enlevée dans ma petite enfance, il y a plus de quinze ans.

Ces mots les persuadèrent qu'elle disait la vérité; aussi la fêtèrent-ils avec éclat et la conduisirent-ils au
10 palais au milieu des plus grands honneurs, comme il convient à une fille de roi. Pour époux ils voulurent lui donner un roi païen, mais elle ne désirait pas se marier.

Elle resta bien trois ou quatre jours. Elle réfléchis-
15 sait au moyen qui lui permettrait de partir à la recherche d'Aucassin. Elle se procura une vielle dont elle apprit à jouer. Mais arriva le jour où l'on voulut la marier à un puissant roi païen : elle s'enfuit de nuit et, descendue au port, logea chez une pauvre femme au
20 bord de la mer. D'une herbe qu'elle cueillit, elle s'enduisit la tête et le visage si bien qu'elle devint toute noire et perdit son éclat. Elle se fit faire une tunique, un manteau, une chemise, une culotte, et se déguisa en jongleur. Elle prit sa vielle, s'adressa à un marin
25 dont elle obtint qu'il l'embarquât. Ils hissèrent les

se nef. Il drecierent lor voile, si nagierent tant par
haute mer qu'il ariverent en le terre de Provence. Et
Nicolete issi fors, si prist se viele, si ala vielant par le
25   païs tant qu'ele vint au castel de Biaucaire, la u Aucassins estoit.

voiles et naviguèrent tant en haute mer qu'ils abordèrent au pays de Provence. Et Nicolette de débarquer avec sa vielle. A force de vieller à travers tout le pays, elle parvint au château de Beaucaire, la résidence
30 d'Aucassin.

XXXIX

OR SE CANTE

A Biaucaire sous la tor
estoit Aucassins un jor,
la se sist sor un perron [1],
entor lui si franc baron.
5 Voit les herbes et les flors
s'oit canter les oisellons,
menbre li de ses amors,
de Nicholete le prox
qu'il ot amee tans jors;
10 dont jete souspirs et plors.
Es vous [2] Nichole au peron,
trait vïele, trait arçon.
Or parla, dist sa raison :
« Escoutés moi, franc baron
15 cil d'aval et cil d'amont :
plairoit vos oïr un son [3]
d'Aucassin, un franc baron,
de Nicholete la prous ?
Tant durerent lor amors
20 qu'il le quist u gaut parfont.

A Torelore u dongon
les prissent paiien un jor.
D'Aucassin rien ne savons,
mais Nicolete la prous

XXXIX

CHANTÉ

A Beaucaire, au pied de la tour,
Aucassin était un jour
assis sur un banc de pierre,
entouré de ses nobles et hauts seigneurs.
5 A la vue des herbes et des fleurs,
quand il entend chanter les petits oiseaux,
il se souvient de son amour,
de la vaillante Nicolette,
qu'il a aimée tant et tant de jours.
10 Aussi soupire-t-il et pleure-t-il.
Mais voici, au banc de pierre, Nicole
qui sort sa vielle, sort son archet,
et se met à parler, à découvrir sa pensée :
« Ecoutez-moi, nobles et hauts seigneurs,
15 ceux d'en bas comme ceux d'en haut :
vous plairait-il d'entendre une chanson
sur Aucassin, un noble et haut seigneur,
et sur la vaillante Nicolette ?
Ils ne cessèrent de s'aimer
20 si bien qu'il partit à la recherche de son amie dans le
bois profond.
Au donjon de Torelore
les païens les prirent un jour.
D'Aucassin nous ne savons rien,
mais la vaillante Nicolette

25 est a Cartage el donjon,
    car ses pere l'ainme mout
    qui sire est de cel roion.
    Doner li volent baron
    un roi de paiiens felon [4].
30 Nicolete n'en a soing,
    car ele aime un dansellon [5]
    qui Aucassins avoit non;
    bien jure Diu et son [non [6]].
    ja ne prendera baron,
35 s'ele n'a son ameor [7]
        que tant desire. »

25   se trouve au donjon de Carthagène,
     car son père l'aime beaucoup,
     qui est le seigneur de ce royaume-là.
     On veut lui donner pour époux
     un roi païen rempli de félonie.
30   Nicolette refuse
     car elle aime un jeune seigneur
     jadis nommé Aucassin.
     Elle jure par Dieu et son saint nom
     qu'elle ne se mariera jamais
35   si on ne lui donne son amoureux
     qu'elle désire tant.

XL

OR DIENT ET CONTENT ET FABLOIENT

Quant Aucassins oï ensi parler Nicolete, il fu molt
liés, si le traist d'une part, se li demanda :
« Biax dous amis, fait Aucassins, savés vos nient[1]
de cele Nicolete dont vos avés ci canté ?
5   — Sire, oie, j'en sai con de le plus france creature
et de le plus gentil et de le plus sage qui onques fust
nee; si est fille au roi de Cartage, qui le prist la u
Aucassins fu pris, si le mena en le cité de Cartage tant
qu'il seut[2] bien que c'estoit se fille, si en fist molt
10   grant feste. Si li veut on doner cascun jor baron un
des plus haus rois de tote Espaigne; mais ele se lairoit
ançois pendre u ardoir qu'ele en presist nul, tant fust
rices.
    — Ha! biax dox amis, fait li quens Aucassins, se
15   vous voliiés raler en cele terre, se li dississçiés qu'ele
venist a mi parler, je vos donroie de mon avoir tant
con vos en oseriés demander ne prendre. Et saciés que
por l'amor de li ne voul je prendre fenme, tant soit
de haut parage, ains l'atenc, ne ja n'arai fenme se li
20   non. Et se je le seusce u trover, je ne l'eusce ore mie
a querre.
    — Sire, fait ele, se vos çou faissiés, je l'iroie querre
por vos et por li que je molt aim. »

Il li afie, et puis se li fait doner vint livres. Ele se

XL

PARLÉ : RÉCIT ET DIALOGUE

Quand Aucassin entendit Nicolette tenir ces propos,
il fut transporté de joie. Il la prit à part et lui demanda :
« Mon très cher ami, fit-il, savez-vous quelque chose
de cette Nicolette dont vous venez de chanter ?

5 — Seigneur, oui, je sais qu'elle est la plus généreuse
créature, la plus noble, la plus honnête qui soit jamais
née. C'est la fille du roi de Carthagène, qui la captura
en même temps qu'Aucassin et l'amena dans sa cité
si bien qu'il découvrit que c'était sa fille : il la fêta
10 beaucoup; chaque jour on veut la marier à un des
plus grands rois de toute l'Espagne; mais elle se laisserait pendre ou brûler plutôt que d'en épouser aucun,
quelle que fût sa puissance.

— Ah! mon très cher ami, reprit le comte Aucassin,
15 si vous acceptiez de retourner dans ce pays pour lui
dire de venir me parler, je vous donnerais de mes biens
autant que vous oseriez en demander ou en prendre.
Et sachez que, par amour pour elle, j'ai refusé d'épouser aucune femme, quelle que fût sa noblesse, mais je
20 l'attends et n'épouserai qu'elle. Si j'avais su où la
trouver, je n'aurais pas maintenant à la chercher.

— Seigneur, fit Nicolette, si vous agissiez comme
vous le dites, j'irais la chercher pour vous et pour elle
que j'aime beaucoup. »

25 Il le lui promet, et lui fait ensuite donner vingt livres.

25   part de lui, et il pleure por le douçor de Nicolete; et
quant ele le voit plorer :

    « Sire, fait ele, ne vos esmaiiés pas, que dusqu'a
pou le vos arai en ceste vile amenee, se que vos le
verrés. »

30   Et quant Aucassins l'oï, si en fu molt liés. Et ele
se part de lui, si traist en le vile a le maison le viscontesse, car li visquens ses parrins estoit mors. Ele se
herbega [3] la, si parla a li tant qu'ele li gehi son afaire
et que le viscontesse le recounut et seut bien que c'estoit
35   Nicolete et qu'ele l'avoit norrie; si le fist laver et bai-
gnier et sejorner uit jors tous plains.

    Si prist une herbe qui avoit non esclaire [4], si s'en
oinst, si fu ausi bele qu'ele avoit onques esté a nul
jor. Se se vesti de rices dras de soie, dont la dame
40   avoit assés, si s'assist en le canbre sor une cueute
pointe de drap de soie, si apela la dame et li dist qu'ele
alast por Aucassin son ami. Et ele si fist, et quant ele
vint u palais, si trova Aucassin qui ploroit et regretoit
Nicolete s'amie, por çou qu'ele demouroit tant; et la
45   dame l'apela, si li dist :

    « Aucassins, or ne vos dementés plus, mais venés
ent aveuques mi et je vos mosterai la riens el mont
que vos amés plus, car c'est Nicolete vo duce amie,
qui de longes terres vos est venue querre. »

50   Et Aucassins fu liés.

Elle le quitte, il pleure au souvenir de la tendre Nicolette. Le voyant en larmes, elle lui dit :

« Seigneur, ne vous inquiétez pas, car, avant peu, je vous l'aurai ramenée en votre ville, et vous la ver-
30 rez. »

Ces mots emplirent de joie Aucassin. Elle le quitta pour gagner dans la ville la maison de la vicomtesse : il faut préciser que le vicomte son parrain était mort. Elle y prit pension et finit par lui raconter son histoire,
35 reconnue bientôt de la vicomtesse qui comprit que c'était sa Nicolette, celle qu'elle avait élevée, et la fit laver, baigner, reposer pendant une bonne huitaine de jours.

Alors Nicolette cueillit une herbe appelée *éclaire*
40 dont elle s'enduisit le corps : elle redevint aussi belle qu'elle avait jamais été. Elle s'habilla de riches vêtements de soie que la dame possédait en grand nombre, et s'assit dans la chambre sur un coussin de soie. Puis elle appela son hôtesse et lui demanda d'aller chercher
45 Aucassin son ami. Ainsi fit la dame qui, parvenu au palais, trouva Aucassin en pleurs, réclamant Nicolette son amie et regrettant qu'elle tardât trop. La dame l'appela et lui dit :

« Aucassin, ne vous désolez donc plus ; mais venez
50 plutôt avec moi et je vous montrerai l'être au monde que vous aimez le plus, Nicolette votre douce amie, qui de très loin est venue vous chercher. »

Aucassin en fut rempli de joie.

XLI

OR SE CANTE

Quant or entent Aucassins
de s'amie o le cler vis
qu'ele est venue el païs,
or fu liés, ainc ne fu si.
5   Aveuc la dame s'est mis,
dusqu'a l'ostel ne prist fin.
En le cambre se sont mis,
la u Nicholete sist.
Quant ele voit son ami,
10   or fu lie, ainc ne fu si.
Contre lui en piés sali.
Quant or le voit Aucassins,
andex ses bras li tendi,
doucement le recoulli,
15   les eus li baisse et le vis.
La nuit le laissent ensi,
tresqu'au demain par matin
que l'espousa Aucassins :
dame de Biaucaire en fist.
20   Puis vesquirent il mains dis
et menerent lor delis.
Or a sa joie Aucassins
et Nicholete autresi :
no cantefable prent fin,
25   n'en sai plus dire.

XLI

CHANTÉ

Dès qu'Aucassin entend dire
de son amie au lumineux visage
qu'elle est arrivée dans le pays,
il est rempli d'une joie qu'il n'a jamais connue.
5   Il a suivi la dame
sans s'arrêter jusqu'à son hôtel.
Les voici dans la chambre
où Nicolette était assise.
La vue de son ami
10   la remplit d'une joie qu'elle n'a jamais connue.
Elle se lève pour aller à sa rencontre.
Dès qu'Aucassin la voit,
il lui tend les bras,
la serre doucement contre lui,
15   lui embrasse les yeux et le visage.
A la nuit, ils la quittèrent
jusqu'au lendemain matin
où Aucassin l'épousa
et fit d'elle la dame de Beaucaire.
20   Puis ils menèrent longtemps
une vie heureuse.
Maintenant qu'Aucassin et Nicolette
ont trouvé le bonheur,
notre chantefable se termine,
25   et je n'ai plus rien à dire.

NOTES

NOTES DE I

1. Miss M. Pelan (*Neuphilologische Mitteilungen*, LX, 1959, pp. 180-185) a proposé de lire *depart* plutôt que *deport* « divertissement », et de comprendre : « Si on aime entendre de bons vers sur la séparation de deux beaux jeunes gens A. et N. dont est coupable le très vieil homme (le comte Garin)... »

2. L'expression *deus biax enfans petis* marque seulement la tendresse. En fait, ils ont entre quinze et vingt ans (voir l'art. de Rogger, t. 70, p. 43). Sans parler des chansons de geste, Marie de France, dans le *Lai des deux amants*, appelle *enfant* le garçon qui porte son amie jusqu'au sommet de la montagne.

3. A la fin du vers 7, on peut mettre soit un point d'interrogation comme nous l'avons fait, soit une virgule : dans ce dernier cas, *qui* au vers 1 a le sens bien connu au Moyen Age de *si on*. Notre choix s'appuie sur le fait que la chantefable est, pour une bonne part, une parodie des chansons de geste qui comportent des formules du même genre. Ainsi dans *le Couronnement de Louis* :

> Plaist vos oïr d'une estoire vaillant
> Bone chançon, corteise et avenant ?...

ou dans le *Moniage Guillaume* :

> Boine canchon plairoit vos a oïr
> De fiere geste ?

4. Le manuscrit a *biax est li dis*, c'est-à-dire une syllabe de trop.

5. A quoi se rapporte le féminin *douce* ? A *chantefable* sousentendue selon Piccoli, à Nicolette, soutient K. Rogger (*art. cit.*, 70, p. 6) : « Or qu'est-ce qui est doux ? La chanson, la musique, la chantefable ? On a proposé différentes solutions. Il nous semble qu'il n'y a pas à hésiter quand on ne considère pas seulement le texte de cette laisse, mais l'esprit même de la chantefable. Il s'avère alors que c'est Nicolette qui est douce, si douce qu'elle guérit par sa seule mention toute maladie. »

NOTES DE II

1. Au sujet de ces formules, M. Roques dit (page VI) : « Je ne pense pas que l'accumulation des verbes « dire », « conter », « fabloier » (ou « flaber ») soit une simple redondance, qui serait ici bien singulière et dont surtout le maintien devant les vingt morceaux en prose apparaîtrait comme une bizarre fantaisie : dans cette formule, chaque verbe avait un sens, « dire » s'opposant à « chanter » et indiquant que le morceau qui suit est parlé, « conter » et « fabloier » s'appliquant aux deux aspects du « parlé », le récit et la conversation. »

Une difficulté : l'auteur emploie cette formule en tête des morceaux XII, XXXIV et XXXVI qui ne comportent ni dialogue, ni monologue. Sans doute faut-il expliquer cette anomalie par une sorte d'automatisme.

2. *Sergens* : ou serviteur domestique, ou auxiliaire du chevalier dont il porte avant le combat la lance et le bouclier, ou (comme ici) homme d'armes non noble (VI, VIII).

3. *Argoit* : brûlait. C'est l'imparfait du verbe *ardre*. « ... la ressemblance qui existait entre *ardre* et *espardre*, *mordre* et *sordre* a entraîné des formes comme *argant*... dont on peut rapprocher les imparf. indic. *argoit* et *morgoit*... » (P. Fouché, *Le Verbe français*, p. 130, n. 1.)

4. Formule de type épique, appliquée souvent à Charlemagne, témoin *le Couronnement de Louis*, vers 257-258 :

> Veez mes pere de cest siecle trespasse :
> Vielz est et frailes, ne portera mais armes.

5. *Vallet* : adolescent de famille noble (X, XXI), qui sert à la cour d'un grand pour apprendre les armes et les belles manières. Sa bonne naissance empêche qu'on ne lui demande des services subalternes : il aidera les écuyers à armer ou à désarmer le seigneur, il exécutera un message important, il étendra la nappe sur la table tandis que les sergents apporteront les bassines d'eau chaude pour que les convives se lavent les mains, les serviettes pour qu'ils se les essuient, les tréteaux sur lesquels la table est posée. Le mot met l'accent sur la jeunesse du personnage, en sorte que l'idée de noblesse peut disparaître : ainsi quand le mot désigne le vilain (XXIV). Enfin, *varlet* a pu s'appliquer à des serviteurs qui ne sont pas de naissance noble.

6. *Damoisiax* : cas sujet singulier du mot *damoisel*. Jeune noble en âge de faire ses premières armes, mais qui n'est pas encore chevalier. Le mot insiste sur la noblesse du personnage. Il a pu s'appliquer à de jeunes chevaliers dont on souligne ainsi l'impétuosité et la vigueur : c'est alors un synonyme de *bacheler*.

7. *Menus recercelés*, à petites boucles. *Menu* est un adjectif employé comme adverbe et s'accordant suivant l'usage médiéval. (voir XII : *droites noires*, « vraiment noires ».)

8. *Vairs* : vifs. Sur cet adjectif difficile à traduire, voir notre étude dans notre *Adam de la Halle à la recherche de lui-même*.

9. *Aïe* : aide. La forme phonétique était *aiue*, de *adjŭta* (VIII). Le passage à *aïe* s'explique par l'assimilation de *ü* avec le *y* précédent qui lui a fait perdre son articulation bilabiale. Ensuite, sur le modèle de *aidons, aidez, aider*, on a refait les autres formes; de là *aide*.

10. *Homes* : soit les simples sujets, soit les vassaux qui ont prêté l'hommage.

11. *Cevaliers* : une fois chevalier, après la cérémonie de l'adoubement.

12. *Ester* : « être debout, rester debout »; de là les sens dérivés de 1) « être debout sans bouger, tenir ferme, s'arrêter »; 2) « rester, être »; 3) « résider ». *Laisser ester :* « laisser tranquille, renoncer à, ne pas s'occuper de ».

13. *Caitive* : ici sens premier, « captive, prisonnière »; puis, comme dans les morceaux VIII et V, « malheureuse, misérable »; enfin, par restriction sémantique, « de faible constitution, d'apparence débile ».

14. *Estrange* : peut signifier en ancien français « étranger » et « étrange », comme *message* désignait le messager, le message et la fonction de messager. Ensuite, on a utilisé le suffixe *-er* pour remédier à cette polyvalence sémantique.

15. Attention à *lever* qui, employé avec *bautisier*, baptiser, signifie « tenir sur les fonts baptismaux ».

16. *Baceler* : c'est notre *bachelier*. Mais le mot, en ancien français, désigne un jeune homme noble, qui n'est pas encore chevalier mais est appelé à le devenir, à l'ordinaire célibataire et sans fief, au service du roi ou d'un grand seigneur. Souvent synonyme de *chevalier*, le mot introduit une nuance de jeunesse, d'audace et d'insouciance. L'idée de jeunesse a pu subsister seule : *bacheler* signifie « jeune homme »; que l'on pense à l'anglais *bachelor* « célibataire ». Le mot désignait aussi au Moyen Age le premier grade de la hiérarchie universitaire.

17. *Rice, riche*, en ancien français, comporte une idée de puissance, de force, de brillante apparence. De là, selon les cas, la traduction par « riche », par « puissant » ou par « brillant ». Il est question plus loin des *rices gueres* (VI) et d'une *mot rice feste* (XX).

18. *France*, franche. Le mot *franc*, qui n'avait d'abord qu'une valeur ethnique (il s'agit du peuple franc), s'est identifié ensuite avec le mot *libre* (voir le *franc arbitre, avoir ses coudées franches*) et a désigné les nobles. Puis, au sens social, s'est ajoutée l'idée de noblesse morale et de noblesse des manières, avec, au premier plan, l'idée de générosité (XIII...).

19. *De bon aire* : c'est notre *débonnaire*. Évolution sémantique : 1) de bonne race, noble; 2) noble de caractère, généreux, bienveillant, bon; 3) trop généreux, faible de caractère.

20. *Teces, teches*, taches : particularités du caractère, qualités.

NOTES DE III

1. *Repaire* : séjour. Evolution sémantique du mot formé sur le verbe *repairier* (IX, XXXII) issu du latin *repatriare* : 1) retour; 2) endroit où l'on revient; 3) demeure; 4) tanière des bêtes sauvages. C'est le même mot que notre *repère*, rapproché à tort, à l'époque classique, du latin *reperire* « retrouver ».

2. *Nuis*, forme de *nus*, cas sujet de *nul*.

3. *Que* est difficile à rendre. Nous y voyons une conjonction causale, qui explique le vers précédent.

4. *Faus*, forme picarde de *fous*.

5. *Cointe* : élégante (employé pour les hommes, les femmes et les choses).
Nous avons fait de ce vers une première réplique d'Aucassin. D'autres, comme M. Roques, mettent ce vers dans la bouche de la mère et y voient « une concession à l'évidence, qui n'affaiblit pas l'objection suivante »; ils comprennent : « Bien sûr, Nicolette est élégante et gentille, mais... »

6. *Cartage* : Carthagène en Espagne. Dans *Anseïs de Carthage*, le héros est couronné par Charlemagne « roi d'Espagne et de Carthage ».

7. *Saisne* : saxon, c'est-à-dire païen. Charlemagne eut à mener de rudes campagnes contre les Saxons. Jean Bodel a écrit une *Chanson des Saisnes*.

8. *Moulié*, ou *mollier* (VIII) : issu du latin *mulierem*, désigne le plus souvent l'épouse, et plus rarement la femme.

9. *El* : autre chose.

10. *Gens*. L'adjectif *gent* (II, III, X, XV, XIX, XX, XXIII) indique le plus souvent des qualités extérieures : l'élégance du corps et surtout du costume, la distinction de la noblesse.

11. Dans le manuscrit, nous lisons : *sa biautés le cuer melcraire*. Mario Roques a bien expliqué l'expression *esclairier le cuer* (*Mélanges Lot*, 1925) : ce qui est à la base de *esclairier*, ce n'est pas *clair* « brillant », mais *clair* « pur, net », si bien qu'*esclairier*, signifie dans l'expression « débarrasser, soulager le cœur d'une peine, d'un ressentiment »...

NOTES DE IV

1. *Maleoite*, doublet de *maleïte* et de *maldite*, maudite, est l'antonyme de *beneoite*, bénie (ou bénite), féminin de *beneoit* (XVI, XXIV), qui survit en français moderne sous la double forme du prénom ou du nom de famille *Benoît* et de l'adjectif *benêt* (Heureux les simples d'esprit!).

2. Dans le manuscrit, devant le premier *avoir*, on lit *et*. Y. Lefèvre (*Romania*, 1955, pp. 93-94) a proposé de corriger : ... *se je le puis ja veir*, si je la vois encore.

3. *Tote peor* : « une peur infinie » (Suchier).

4. Dans le manuscrit, il est possible de lire aussi bien *Ce gardés vous* que *Or gardés vous*, où *or* rend plus pressant l'ordre.

5. *Soistié, soisté*, formes issues de *soc(i)etatem*, qui, par évolution savante, a donné *société*.

6. Le mot *uis, huis* (que l'on a encore dans *juger à huis clos*, « les portes fermées », et dans *huissier*, chargé primitivement d'ouvrir et de fermer la porte des hauts personnages et des tribunaux), désignait les portes des maisons et les vantaux des poternes, tandis que *porte* s'appliquait aux grandes portes des villes et des châteaux (II, VIII, IX, X).

7. C'est le mot utilisé habituellement en ancien français pour dire « sortir » : pensons à *issue*.

8. *Essor*, formé à partir d'*essorer*, « exposer à l'air pour faire sécher » (de là notre *essorer*), « exposer à l'air un faucon pour qu'il s'envole ». De là, les sens d'*essor* en ancien français : 1) « air »; 2) « fait d'être exposé à l'air »; 3) élan d'un oiseau qui s'envole, impétuosité »; 4) « origine ».

NOTES DE V

1. « La chambre est *vautie; or*... les étages supérieurs n'ont point de chambres voûtées; mais, pour honorer une personne, on la conduisait dans une chambre solennelle qui était généralement voûtée : c'est donc, comme toujours, l'élément émotionnel et pittoresque qui prévaut, et non la réalité objective » (K. Rogger, p. 17, n. 1).

Mais il faut aussi observer que c'est dans sa chambre voûtée que se fait transporter, dans *la Chanson de Roland* (v. 2593) le roi Marsile accompagné de la reine Bramimunde, et il est précisé que *Plusurs culurs i ad peinz e escrites* (v. 2594).

2. *Miramie* ne se rencontre que dans ce vers. Peut-être est-ce une création de l'auteur d'*Aucassin et Nicolette*. K. Rogger, dans son article de 1954 (p. 17) écrit : « Est-elle peinte « a miramie » ou « a mirabile » ? Si c'est « a mirabile », cela signifie-t-il « admirablement » ou bien « étonnamment et mystérieusement » ? Autrement dit : s'agit-il de beauté ou de secrets et de magie ? »

Dans le *Guillaume de Dole* de Jean Renart, on trouve, dans une chanson, l'adjectif *miravile* (v. 5218); dans *les Enfances Guillaume*, on a plusieurs fois *mirabile*.

3. *Mescine* (v, XXI) : jeune fille. Venu de l'arabe *miskin*, « pauvre », ce terme insiste sur la jeunesse, comme *varlet* (valet) et *jovencel*. La noblesse n'est pas un trait distinctif du mot : c'est le contexte ou une épithète qui le précisent. *Meschine* peut désigner une fille ou une femme attachée au service d'une dame. Contrairement à ce qu'a pensé G. Gougenheim, le sentiment de pitié n'est pas un trait fondamental de ce mot. L'auteur utilise aussi le diminutif *mescinete* (XII, XIV, XV).

4. *Crigne, crine,* chevelure. *Crigne* et *crins,* « cheveux » ne sont pas burlesques en ancien français.

5. *Gaudine,* mot poétique, « petit bois, parc » comme *gaut* (XVII, XIX, XXVII, XXXIX).

6. Dans le manuscrit, on lit *secrient* en un seul mot que l'on peut couper soit en *s'ecrient,* soit en *se crient,* ce dernier verbe pouvant être réciproque (« ils s'appellent ») ou non réfléchi (« ils crient, ils chantent »).

7. Mot à mot : « elle se proclama orpheline ». *Orphenine* est la forme ancienne de notre *orpheline* où *l* est le produit de la dissimilation du premier *n* par le second.

8. *Lasse,* ici, est encore adjectif. Ensuite, lié à *Hé!,* l'adjectif produira l'interjection *hélas,* invariable.

9. *Haez* : forme ancienne de la 5ᵉ personne de l'indicatif présent du verbe *haïr,* refaite en *haïssez* sous l'influence de la conjugaison de *finir.*

NOTES DE VI

1. *Entendu :* en ancien français, *entendre* signifiait « comprendre » mais pouvait déjà, comme ici, être presque un synonyme de *oïr,* « ouir », qu'il remplaça, *oïr* comportant trop de formes communes avec *avoir.*

2. *Noise,* « bruit, querelle, bruit d'une nouvelle ». Evolution à partir du latin *nausea* « mal de mer » *(cf. nausée),* « situation désagréable et pénible », « tapage », « querelle ». Le mot ne vit plus que dans l'expression *chercher noise à quelqu'un,* « lui chercher querelle ».

3. *Mordrir :* c'est notre *meurtrir,* qui signifiait en ancien français « tuer ». Ce sens a subsisté dans les noms *meurtre* et *meurtrier;* mais *meurtrir* s'est affaibli, passant de « tuer » à « contusionner ». Au XVIᵉ siècle, les deux acceptions coexistent. Au sens nouveau de *meurtrir* correspond *meurtrissure,* créé au XVIIᵉ siècle.

4. *Rien,* en ancien français, est encore un nom féminin, positif, qui signifie « chose », « créature ». Sous l'influence de la négation *ne,* il deviendra un pronom indéfini négatif, sauf en quelques cas où il demeure positif (ex. *sans rien dire*).

Plus : « le plus ». Emploi normal en ancien français.

5. *Arme :* âme.

6. *Clop :* « boiteux ». Voir en français moderne *clopiner* « marcher avec peine », *clopin-clopant (clopin,* « boiteux »; *clopant,* de *cloper,* « boiter »), *éclopé...*

7. Dans le manuscrit, on a *cuutes,* pour *croutes,* cryptes, où se trouvent les reliques que l'on venait prier, souvent de fort loin.

8. On remarquera que l'auteur accorde la première place aux clercs, aux intellectuels.

9. Dans le manuscrit, on lit : et *li bien sergant*.

10. *Barons :* ici, époux (XXXVIII, XXXIX, XL); ailleurs, « haut et puissant seigneur » (XXXIX); ce peut être aussi un adjectif signifiant « valeureux, vaillant » (XIII, XXXI). Voir l'étude de ce mot dans notre *Cours sur la Chanson de Roland*, Paris, C.D.U., 1972, pp. 126-128.

11. *Li vairs et li gris.* Il s'agit de la fourrure d'une espèce d'écureuil appelé petit-gris, de couleur gorge de pigeon par-dessus et blanche par-dessous. C'est une fourrure d'un prix élevé. Le *vair* est donc la fourrure faite avec la peau du ventre, le *gris* la fourrure faite avec la peau du dos.

12. *Jogleor,* jongleur. *Jogleor,* issu de *joculatorem,* a été modifié en *jongleur* sous l'influence de *jangleor,* « bavard, menteur ». Les jongleurs pouvaient être à la fois des musiciens, des auteurs et des acteurs, des bateleurs, des prestidigitateurs, des magiciens, des conteurs, des acrobates, des montreurs de bêtes, des avaleurs de feu, etc. Voir E. Faral, *les Jongleurs.*

13. La plupart des critiques pensent avec A. Micha (p. 289) que « la sortie d'Aucassin sur le Paradis n'a rien d'une profession de foi teintée de libertinage : c'est un morceau brillant et pittoresque, visiblement écrit avec plaisir... C'est, toutes proportions gardées, une première ébauche de Thélème qu'évoque la verve du conteur, mais gardons-nous de lui attribuer la portée du rêve rabelaisien ». Ph. Ménard (p. 647) estime qu'on aurait tort de prêter à ce texte un accent moderne : « Choisir l'enfer n'a rien de romantique ou de satanique. Ce n'est qu'un paradoxe de plus dans le comportement d'Aucassin. »

14. Dans le manuscrit, on lit *ise se*, que l'on peut corriger aussi, comme Suchier, en *il se.*

NOTES DE VII

1. *Molt dolans et abosmés :* formule épique

2. *Vis :* forme ancienne, employée onze fois dans l'œuvre, qui survit dans *vis-à-vis,* et qui a cédé la place à *visage,* à cause de l'homonymie avec des formes des verbes *voir* et *vivre,* et d'autres mots. Formes concurrentes : *visage,* 2 emplois (XXXVII, XXXVIII), *viaire,* employé une fois (III), *face,* 4 emplois (II, V, XII, XXXVII), *ciere, chiere,* chère (XV).

3. *Dol* (VII, XII, XXIV) (autres formes : *deul* VIII, *duel* XXIV) est notre mot *deuil.* Mais il signifiait en ancien français « douleur, chagrin ». Evolution : 1) « douleur » ; 2) « douleur ressentie à l'occasion de la mort d'un être cher » ; 3) « marques extérieures de cette douleur » *(être en deuil, porter le deuil). Deul* est devenu *deuil* sous l'influence de mots comme *œil/yeux.*

4. *Esters :* infinitif substantivé. Jouant le rôle d'un nom, cet infinitif prend la marque du cas sujet, peut être précisé par un adjectif et précédé d'un article.

5. *Deduis*, « plaisir », « plaisir amoureux » (VII, XXXIV), « plaisir du jeu de dames » (XXXIII). « Anciennement le « déduit » s'opposait à une distraction cherchée dans le repos, l'oisiveté. Il désignait généralement une occupation de nature non utilitaire ou qui, du moins, si elle rapportait quelque chose comme la chasse par exemple, exigeait de l'invention, de l'ingéniosité, des péripéties. On parlait ainsi du *déduit des échecs*, du *déduit amoureux* » (R. L. Wagner, *Les Vocabulaires français*, Paris, Didier, 1967, p. 34).

6. *Borders, bordirs :* « plaisanter », « dire des *bordes* » qui n'a pas le sens de « faute grossière » en ancien français.

7. *Jouers :* moins précis qu'aujourd'hui, ce verbe s'appliquait à des conversations amusantes, à des échanges de bons mots, à une agréable promenade à pied, etc.

8. « Cette tirade en infinitifs, où s'énumèrent quantité d'actions simples ou complexes, ce n'est pas autre chose, en effet, qu'un essai d'analyse de ce qui chez certaines femmes est inhérent à tous leurs gestes, et qu'on appelle le charme » (A. Pauphilet, p. 247).

9. *Vis* est ici le cas sujet de l'adjectif *vif*, « vivant », qui ne survit plus avec ce sens que dans des expressions comme *mort ou vif, plus mort que vif, de vive voix, eau vive, tailler dans le vif, le mort saisit le vif...*

NOTES DE VIII

1. On a remarqué dans notre texte la fréquence du verbe *traire* (soit à l'infinitif, III, soit au passé simple 3e personne, IV, VI, VIII, XL, soit au présent de l'indicatif, 3e personne, XXV, XXXIX, ou 6e personne, XVIII), avec le sens de « tirer, tirer vers, se diriger ». Pourquoi ce verbe a-t-il connu une telle restriction sémantique, puisqu'il ne signifie plus que « tirer le lait d'une vache, d'une brebis... », sans compter qu'il est devenu défectif ? Sans doute a-t-il principalement subi le contrecoup de la collision homonymique entre *moudre* « moudre » (de *molere*) et *moudre* « traire » (de *mulgere*) : ce dernier, éliminé, fut remplacé dans ses emplois par *traire* qui, dans son sens général, céda la place à *tirer*.

2. *Aleoirs :* « galerie sur le mur de fortification » (Suchier).

3. Dans le manuscrit, nous lisons *que je le demant*.

4. *Estor*, du germanique *sturm*, qui a gardé le sens de « tempête ». En ancien français, le mot désigne « la mêlée ».

5. *Li : le li*. En ancien français, devant *li* et *lor*, on n'exprime pas les pronoms *le, la* ou *les*.

NOTES DE IX

1. *Mars*, marcs : « poids d'une demi-livre ou 8 onces d'or ou d'argent; on se sert de cette unité comme d'une monnaie de compte » (L. Foulet).

2. *Lié*, « joyeux, heureux ». Cet adjectif très fréquent dans notre texte (soit au masculin (VIII, IX, XX,...) soit au féminin *lie*, (XXXII, XLI) a survécu longtemps dans l'expression *faire chère lie*.

3. *Garnemens*, « équipement d'un chevalier ». Formé sur *garnir*, ce nom désignait « ce qui protège »; de là, en ancien français, les sens suivants : 1) « forteresse, garnison »; 2) « vêtements, ornements »; 3) « armure, équipement »; 4) « soldat, défenseur, mercenaire ». De ce dernier sens, on est passé à « mauvais garçon, souteneur » (XIVe s.), à « vaurien » (XVIe s.), enfin, à « garçon turbulent ».

4. Nous avons ici le motif épique de l'armement du chevalier.

5. *Auberc dublier*, « cuirasse à double rang de mailles ». C'est encore une formule épique que l'on retrouve habituellement dans ce motif : ainsi, dans *la Prise d'Orange* (989) : *El dos li vestent un fort hauberc doublier*.

6. *Iaume, heaume*, casque. Cf. *la Prise d'Orange* (990) : *El chief li lacent un vert heaume vergié* (renforcé de bandes).

7. *Çainst*, passé simple 3e personne de *ceindre*.

8. *Destrier*, « cheval de combat », appelé ainsi parce que l'écuyer le mène *à destre*, à droite, lorsqu'il n'est pas monté. Sur les montures, voir notre *Cours sur la Chanson de Roland*, C.D.U., 1972, pp. 77-89.

9. L'*escu* était *boucler*, renforcé d'une *boucle*, d'une bosse; de là, par substitution de suffixe, notre mot *bouclier*.

Espiel, qui est notre moderne *épieu*, désignait le plus souvent la lance. Ainsi dans *la Chanson de Roland* le poète emploie dix fois *lance* et quarante-cinq fois *espiet;* c'est *espiet* qui apparaît quand les armes sont énumérées (comme ici) ou lorsque le combat est décrit dans chacun de ses épisodes.

10. Dans le manuscrit, nous lisons *bien li sissent estriers*. Comme il manque une syllabe au vers, il faut ajouter *es* devant *estriers*.

11. *Li*, texte du manuscrit, est une forme de cas sujet; on attendrait *le*.

12. *Enl* est la graphie du manuscrit pour *en*, *ent*.

NOTES DE X

1. Nouveau motif épique : celui du chevalier en armes sur son cheval. L'*A* initial est effacé dans le manuscrit.

2. Le bouclier pend au cou grâce à la *guige*.

3. *Il : i* (il) *l* (le); *foroient* dans le manuscrit.

4. *Siec* : 1re personne du présent de l'indicatif du verbe *seoir* « être assis », avec la désinence analogique *c*.

5. *Sejorné* : « bien reposé », donc « vigoureux ».

6. *Ferir a* est une addition des éditeurs qui nous ont précédé.

7. *Naseus*, « nasals », partie du heaume qui protège le nez, barre de fer fixée au milieu de la partie frontale du casque.

8. *Senglers*, c'est le porc qui vit en solitaire *(porcum singularem)*. L'adjectif, se chargeant du sens de toute l'expression, est devenu un nom, puis a subi une substitution de suffixe *(-ier* remplaçant *-er)*. On a la même image dans *Perlesvaus* : « ... le roi Artus... faisoit cerne autresi environ lui comme fet li sanglers entre les chiens. »

Caple, chaple : mêlée où s'échangent des coups violents que l'on entend de loin.

9. *Navré*, « blesse ». Le mot a conservé ce sens jusqu'au XVIIe siècle, où il signifie surtout « infliger une souffrance morale ».

10. Dans le manuscrit, nous lisons *.XX. a ja dure cest guerre*.

11. *Tes*, cas régime féminin pluriel de *tel*. Le masculin et le féminin ont des formes uniques.

12. *Enfances* : ici encore allusion à des récits épiques tels que *les Enfances Garin, les Enfances Guillaume, les Enfances Ogier, les Enfances Vivien*, où sont racontés les exploits des héros dans leur enfance et leur adolescence.

13. *Baer* est le *bayer* de l'expression *bayer aux corneilles*. Employé jusqu'au XVIe siècle au sens usuel d' « être ouvert », surtout en parlant de la bouche, ce verbe a pu facilement prendre le sens dérivé d' « aspirer à »...

14. *Ba*, exclamation surtout picarde.

15. La répétition de *que* n'a rien d'étonnant en ancien français.

16. Dans le manuscrit, on a *tant veir que laroi ie*.

17. La ponctuation diffère selon les éditeurs. Certains, comme nous, ont scrupuleusement respecté le manuscrit : Jean Acher a mis des points d'interrogation après *ou trois*, après *baisie*, après *en covent;* Mario Roques a mis un point d'interrogation après *ou trois* et un point d'exclamation après *en covent*. D'autres ont ajouté *ce* devant *m'eustes vos en covent* et mis un seul point d'interrogation après *baisie*.

18. Dans le manuscrit, *et je voil je*.

19. *Si m'aït Dix* : ce tour qui signifiait « aussi vrai que je demande que Dieu m'aide », comportait l'adverbe *si*, le verbe *aït* (3e personne du présent du subjonctif du verbe aider) et le sujet inversé *Dieu*. Devenu formulaire, mal compris, le tour s'est modifié, tout en conservant le subjonctif : la conjonction de subordination *se* s'est substituée à l'adverbe *si* et le sujet a été antéposé au verbe. Ainsi, dans le morceau XXIV, avons-nous : *Se Dix l'aït* ou encore (XVIII) *Se Dix vos aït*. On peut traduire

l'expression par « Par Dieu! » Le tour se simplifiera même en *m'ait Dieus* et finira par prendre les formes de *médieu, mes dieux, midieu*. Dans les autres cas, où nous avons *Dix t'i aït*, le tour garde sa valeur pleine : « que Dieu te vienne en aide! » (Voir l'article de L. Foulet dans *Romania*, LIII, 1927.)

20. Dans le manuscrit, *ce sui*.

21. Ce parjure du père n'est, pour A. Pauphilet, qu'« un bon tour joué à Aucassin » (p. 247); O. Jodogne (p. 60) va plus loin : le comte Garin et Bougar « ne sont pas déloyaux; ils ont menti comme on ment à un malade, ou mieux à un fou qu'on voudrait interner. Ils sont très sages en somme; ils ne veulent pas « baer a folie ».

22. *Aioire*, exclamatif à valeur interrogative, « eh bien ? ». Voir les articles de M. Roques dans les *Mélanges Salverda de Grave*, 1933, pp. 263-271, et dans *Romania*, LIX, 1933, pp. 423-431, et LXII, 1935, pp. 360-362. M. Roques a proposé la traduction suivante : « Sire, certes, oui (c.-à-d. je suis votre prisonnier!) Et maintenant ? (ou : « Eh bien! allons! » c.-à-d. : Qu'en concluez-vous ? que voulez-vous ?). » Quant à *voire fait*, c'est soit une forme d'insistance de *voire* (cf. *si fait, non fait*), soit un accourcissement de *voire avez fait*.

23. *Fiat* dans le manuscrit.

24. *Palefrois*, chevaux de voyage et de parade.

25. *Enondu, en non Diu*, « au nom de Dieu ».

NOTES DE XI

1. *Bis*, gris; « appliqué à des pierres, cet adj. paraît comporter l'idée de dureté par opposition à la pierre blanche, plus tendre p. ex. que le granit gris » (M. Roques).

2. *Maserin* (ou *madelin*) hanap de bois veiné.

3. *Esvertin*, avertin, folie. Le mot était encore employé au xviiie siècle dans la langue littéraire : *O le plaisant avertin/D'un fou du pays latin !* (J.-B. Rousseau, *Odes*, II, 2); il désigne aujourd'hui dans les campagnes le tournis des moutons.

4. *Peliçon*. Ce diminutif de *pelice* est difficile à définir. Selon Douët d'Arcq (*Comptes de l'argenterie des rois de France au XIVe siècle*, Paris, 1851), « le mot se prend dans trois acceptions différentes. Tantôt il signifie un vêtement fait avec une étoffe quelconque doublée de fourrure... (avec) des manches... Dans d'autres cas, le peliçon est en fourrure, mais recouvert par-dessus d'une étoffe. Enfin, il faut encore entendre par là une certaine quantité de fourrure ». Un exemple de *la Première Continuation de Perceval*, cité par L. Foulet, est proche de notre vers : un chevalier magicien, qui entre dans le palais du roi Arthur, est *vestus d'un peliçon hermine./Qui pres de terre li traîne*. La *pelice*, manteau fourré léger (à ne pas confondre avec le *mantel*, man-

teau de cérémonie), était soit recouverte d'une robe de drap, soit portée par-dessus les autres vêtements.

5. *Ermin*, fourré d'hermine. Cet adjectif, qui a aussi la forme *ermine*, est souvent dans les textes accolé au nom *peliçon*. C'est aussi, bien entendu, un nom qui désigne la peau de l'hermine avec laquelle on fourrait des bliauts, des bottes, des couvertures de lit.

6. *Cemisse*, chemise. D'après V. Gay *(Glossaire archéologique)*, c'est un « objet de lingerie analogue à celui du costume moderne, plus ou moins apparent ou orné selon la mode ».

7. On remarquera que l'adjectif *sain* est employé tantôt seul, tantôt déjà en locution avec *sauf* comme aujourd'hui. *Sauf* a permis de remédier à la collision homonymique avec *saint*.

8. *Delis*, plaisir.

9. *Mener male fin*, « faire du bruit, mener grand tapage »; cf. *Prise d'Orange*, A, 1344 : *Dedanz la chartre* (prison) *ou il font male fin; Enfances Guillaume*, 1960 : *Crient et braient et moinent male fin*. Nous devons ces deux références à l'obligeance de notre collègue et ami Claude Régnier.

10. Dans le manuscrit, nous avons en début de vers *or ni...*

NOTES DE XII

1. Dans le manuscrit, nous avons *des conte*.

2. *Ilec* (XII, XXIV), *ileuc* (XVI), *alec* (XXIX), « en ce lieu ».

3. *Bliaut*, robe ou tunique de riche étoffe, portée par les nobles dames. Les chevaliers portaient aussi le bliaut, souvent fourré d'hermine, soit sous le haubert, soit dessus.

4. *Contreval*, soit adverbe (XVI), « en bas », soit préposition, « dans, le long de ». L. Foulet a fait remarquer que souvent *contreval* indique une étendue plutôt qu'une pente. Pour exprimer l'opposition *en bas-en haut*, notre langue a utilisé les couples *jus* (absent dans *Aucassin et Nicolette*) — *sus; aval* (XII, XVI, XXX, XXXIX) — *amont* (XXXIX); *contreval* (XII, XVI) — *contremont* (absent); enfin, plus tard, *en bas-en haut* (Voir L. Foulet, *L'effacement des adverbes de lieu*, Romania, LXIX, 1946-1947, pp. 1-79).

5. Ici, commence le portrait de Nicolette, que nous étudions dans l'introduction. Rappelons que c'est un motif de la littérature médiévale.

6. *Nois gauges*, variété de grosses noix, que l'on opposait dans certaines provinces aux petites noix ou noisettes. Selon Ph. Ménard (p. 260) : « Les grands romanciers du XIIe siècle... glissent discrètement sur les parties du corps qui ont un caractère sensuel, et tout particulièrement sur les seins... C'est là un fait de civilisation : il faut attendre le XIIIe siècle pour trouver dans l'art médiéval des représentations voluptueuses de femmes

montrant leurs seins, et des nus qui traduisent une évidente glo-
rification de la chair ».

7. Dans le manuscrit, on lit *sans ganbes*.

8. *Erra*, « alla, chemina, marcha ». Ce verbe, fréquemment
employé dans la formule *erra tant que* (XII, XVIII, XX, XXIV,
XXVIII), vient du latin *iterare*, et ne doit pas être confondu en
ancien français avec *errer*, « s'égarer, se tromper », qui vient
du latin *errare*, et qui est de la même famille qu'*erreur* et *erroné*.
De la famille du premier *errer*, ne survivent que des mots souvent mal compris : *errements* « façons d'agir traditionnelles »,
chevaliers errants, « qui s'en vont à l'aventure », *le Juif errant*
« condamné à marcher sans fin ».

9. *Mantel* s'oppose à *chape, cape*. Le *mantel* est un vêtement
habillé, fait d'une riche étoffe; c'est une partie intégrante du
costume de cérémonie. La *cape*, au contraire, est un manteau
utilitaire qui protège du froid et de la pluie. On comprend dès
lors que, dans *Aucassin et Nicolette*, Nicolette porte un *mantel*
(XII, XVI, XXXVIII), tandis que la *cape* est le vêtement des mendiants
promis au Paradis (VI), des archers du guet (XIV, XV), des petits
bergers (XVIII, XX), du vilain malheureux (XXIV).

NOTES DE XIII

1. On attend *regreter* plutôt que *a regreter* que nous présente
le manuscrit. Sans doute le scribe se rappelait-il le vers 11 de
la laisse VII.

2. *Gentix*, « noble, généreux ». Evolution sémantique du mot
en français : 1) « de bonne famille, noble » *(gentilhomme);*
2) « noble de caractère, généreux »; 3) « noble de manières,
gracieux, joli, aimable ».

3. *Ber* (6), *li ber* (17) : c'est le cas sujet singulier de *baron* que
nous avons étudié plus haut. *Ber* et *baron*, « noble homme »,
appartiennent au vocabulaire épique et n'apparaissent avec ce
sens que dans les passages en vers.

4. *Li demter, li plaindres ne li plurers* : ce sont encore des
infinitifs substantivés qui signifiaient « le fait de, l'acte de »
(se lamenter, se plaindre...) et qui, très fréquents en ancien
français, se sont raréfiés à partir du XVIe siècle.

5. Sur les transports amoureux, voir Ph. Ménard, p. 242.

NOTES DE XIV

1. *En lui n'ot que courecier* : tour de type épique, « en lui il
n'y eut que de la colère »; cf. *le Charroi de Nîmes*, v. 699 : *Molt
fu dolant, n'i ot que corrocier*.

2. *Ariis* pour *ariiés* : réduction de *ié* à *i*.

3. *Porroit* : « ... Aucassin commence une phrase qui pourrait être : *le premier qui vos verroit ne qui vos porroit [prendre, si feroit il]*, mais l'imagination du bachelier précisant l'horreur de ses craintes, c'est la fin de sa phrase qui seule lui importe maintenant et il substitue aux mots que j'ai mis entre crochets la formule inversée que nous lisons dans le manuscrit » (M. Roques, *Romania*, 1937, p. 554). C'est une anacoluthe qui n'étonne pas dans ce langage parlé comportant des rappels ou des anticipations implicites.

4. *Jut* : participe passé du verbe *gésir*, « être couché ».

5. *Esquelderoie*, 1re personne du futur II d'*escoillir*, « s'élancer ».

6. L'auteur joue sur le mot *son* qui est d'abord l'article possessif *(en son oeul)*, puis un élément de la locution prépositive *en son*, au bout de.

7. *Cateron* : voir L. Sainéan, *La création métaphorique en français et en roman. Images tirées du monde des animaux domestiques. Le chat...*, Halle, 1905, p. 75 : « anc. fr. *cateron*, bout de la mamelle, propr. petite chatte (Palsgrave, *chettron*, minet) terme qui survit dans le picard *catron*, l'un des quatre pis d'une vache (Poitevin, *chet*, pis d'une vache). Le mot *cateron* paraît une seule fois dans *Aucassin et Nicolette* ».

8. *La u*, pendant que. Il y a eu glissement du spatial au temporel.

9. Selon A. Pauphilet, « le guetteur était un rôle littéraire, et compatissant par tradition aux amoureux. Celui-ci est fin, sa ruse est gracieuse et d'un assez bon poète » (p. 248).

NOTES DE XV

1. *Vaillans*, « valeureux ». Cet adjectif en ancien français, demeuré proche de *valoir*, avait un sens moins limité qu'en français moderne.

2. La forme de cas sujet *uns cans* étonne, puisqu'il s'agit d'un complément. Faut-il, pour autant, corriger, comme on l'a fait ?

3. *Avenant*. La répétition de cet adjectif aux vers 6 et 7 a amené G. Paris et Suchier à corriger le second en *reluisant*, adjectif qui qualifie fréquemment les cheveux dans les portraits de ce genre (par ex. dans le *Jeu de la Feuillée* d'Adam de la Halle).

4. *Ciere, chiere*, « chère ». Ce mot désignait le visage en ancien français. *Faire bonne chère*, c'était donc accueillir les gens avec un visage souriant; de là, le mot s'est appliqué à l'accueil, à la bonne vie, au repas qui traduit cet accueil et cette bonne vie, enfin au repas en général.

5. *Souduians*, « traître », mot du vocabulaire épique, à l'origine participe présent de *soduire*, « tromper ».

6. L'auteur a repris ici le motif des chansons d'aube, où, le plus souvent, le cri du veilleur avertit les amants de la venue du jour. Peut-être y a-t-il aussi, comme le veut F. Bar (*Romania*, LXVII, 1942-1943, pp. 369-370) une allusion au *Cantique des Cantiques* (V, 6-7) où l'Epouse, qui cherche son bien-aimé par la ville, est rencontrée, maltraitée et dépouillée par une ronde.

NOTES DE XVI

1. Dans le manuscrit, nous avons *au mur des castel*.

2. *Garda*, regarda. Le verbe *garder* a perdu ce sens, à cause de la concurrence de l'intensif *regard r* (IX, XVI, XVIII, XX, XXX, XXXI), doublé en ancien français d'*esgarder* (V, XXIV), d'autant plus facilement que *garder*, dont la valeur étymologique était « protéger », désignait, dès les plus anciens textes, l'action de « mettre à l'écart, mettre en réserve ».

3. Dans le manuscrit, nous lisons *fait il*.

4. *Forceur*, comparatif synthétique de *fort*, issu phonétiquement du latin *fortiorem*. Mot à mot : « elle eut encore une peine plus grande pour sortir ».

5. Dans le manuscrit, après *avant l'autre tant*, nous avons *qu'ele* barré.

6. Le mot *serpentine* a une valeur collective.

7. *Repensa*. Le préfixe *re-* peut avoir ici un double sens : ou bien « de nouveau » ou bien « d'autre part ».

NOTES DE XVII

1. *Lé*, loup. La forme la plus fréquente en ancien français est *leu* que nous avons encore dans les noms de lieu *Canteleu*, *Pisseleu* et la locution *à la queue leu leu*. Sur tous les mots se rapportant au loup, voir notre *Petite Introduction aux branches I, Ia et Ib du Roman de Renart*, pp. 114-115.

2. Dans le manuscrit, on lit *dont il i a plenté*, vers de six syllabes ; de là la nécessité de la correction.

En ancien français, le tour *il y a* se présentait sous quatre formes : *i a, a, il a, il i a*.

3. Dans le manuscrit, on lit *nix asses*.

NOTES DE XVIII

1. *Soumax*, forme de cas sujet singulier de *sommeil*.

2. *Haute prime*, quand l'heure de prime (environ 6 h. du matin) est déjà bien passée, c'est-à-dire vers 8 heures. Cette division de la journée, qui est restée dans l'usage ecclésiastique, remontait aux Romains qui avaient divisé en douze heures la durée qui va du lever au coucher du soleil. *Prime*, première

heure du jour, environ 6 heures; *tierce*, 9 heures du matin; *none*, environ 3 heures de l'après-midi. La *sieste*, emprunté à l'espagnol, est le repos que l'on prend à la sixième heure, au milieu du jour, vers midi. *Au point de none* (xx) signifie « à l'instant même de none », juste à 3 heures de l'après-midi.

3. Dans le manuscrit, nous avons *entreusqui il*.

4. Dans le manuscrit, nous avons *Bel enfait ele* pour *Bel enfant fait ele*.

5. *Des autres*, que les autres. C'est le tour que nous avons encore dans *plus de deux*.

6. *Ele* manque après *fait* dans le manuscrit.

7. Dans le manuscrit, on lit *dites li quela*.

8. « Sous l'image transparente de la bête qu'il faut chasser se cache la femme amoureuse prête à se donner. Mais cette femme a sa fierté et sa pudeur. Consciente du don qu'elle fait à l'ami, elle veut, elle exige de lui qu'il mette à sa recherche ou à sa poursuite tout l'empressement d'un cœur sincèrement épris » (M. Lot-Borodine, p. 125).

Ce motif de la fille-biche est composé, en général, des éléments et des variantes qui suivent :

1. Le héros est un chasseur passionné.

2. Un être surnaturel joue un rôle malfaisant.

3 *a*. Le chasseur viole un tabou ou une interdiction;
ou *b*. Le chasseur néglige sa femme.

4 *a*. La femme est métamorphosée en biche;
ou *b*. La femme est comparée à une bête sauvage.

5. Rencontrée dans la forêt, poursuivie par le chasseur, le mari, le fiancé ou le frère,

6 *a*. elle est tuée,
ou *b*. elle est blessée avant trois jours.

7. Le chasseur se suicide.

(V. l'article de Velten dans *Romania*, 1930, pp. 282-288).

9. *Cacier, chacier* en francien, « chasser ».

10. *Dehait ait*, formule de malédiction, que l'on décompose ainsi : *Dé hait* (ou *hé*) *ait* « qu'il ait la haine de Dieu ». Le premier élément a pu être déformé en *Da;* de là une forme *Dahé ait*. Renforcée par *mal*, la tournure devient, un peu plus loin dans notre texte, *Mal dehait qui*, où *l* devant consonne s'est amuï et où le verbe *ait* a disparu. On peut voir dans ce tour une forme intensive de négation : « Personne n'acceptera jamais d'en parler... »

11. Transparaît ici la peur des fées. « En tout cas nous avons ici encore un groupe de phénomènes qui semblent appartenir spécifiquement à l'inventaire du folklore : la fée, les bergers et la fontaine. La conduite irrévérencieuse *(des bergers)* s'explique mieux si l'on considère qu'ils sont habitués aux visites des fées et des lutins, ce qui leur épargne une politesse par trop cérémonieuse » (K. Rogger, p. 13). Mais on retrouve des éléments des pastourelles, tels que le mauvais accueil au chevalier.

12. *Mecine*, forme phonétique issue de *medicina*, dont le doublet savant est *médecine*, qui date du XIIe siècle. *Mecine* signifiait « remède, vertu curative ».

13. *Mehaing* « indique tout ce qui empêche le fonctionnement normal du corps et de tous ses membres » (L. Foulet).

14. *Dens*, dans. Il faut se rappeler que *dans* est très peu utilisé en ancien français et que c'est Ronsard qui contribua à le répandre.

NOTES DE XIX

1. *Se parti*, se séparer de. Ce verbe, dans *Aucassin et Nicolette*, est toujours employé au réfléchi. *Partir* signifiait en ancien français et jusqu'au XVIe siècle, « séparer », « diviser », « partager ». Ce sens subsiste dans l'expression *avoir maille à partir avec quelqu'un*, « avoir à partager avec quelqu'un une très petite monnaie qu'on ne peut diviser », « se disputer ». A la fin du Moyen Age, *partir* a tendu à prendre le sens de « s'en aller », sans doute d'abord à la voix pronominale *se partir*, « se séparer de quelqu'un », « s'en aller ». Les mots de cette famille se sont répartis en deux groupes : 1) L'un, autour de l'idée de « partir » : *départ, en partance;* 2) L'autre, autour de l'idée de « partager » : *part, partie, partage*.

2. Dans le manuscrit, on lit *cenin*.

3. *Garris :* M. Roques traduit ce mot par « lande », à la suite de G. Paris.

4. *Loge*, mot difficile à traduire en ancien français : désignant une habitation improvisée, ce peut être une tente, une cabane; mais ce sont aussi dans les palais des antichambres, des lieux de distraction, voire une construction indépendante; ici, à coup sûr, il s'agit d'une hutte.

5. Dans le manuscrit, on a *ne ne*.

NOTES DE XX

1. *Cuidier* en ancien français, sauf à la 1re personne du présent de l'indicatif, marque en général une croyance douteuse.

2. *Souple*, « abattu, triste ». Ce mot, qui vient du latin *supplex* « suppliant », désignait au Moyen Age une personne humble. De ce sens on est passé à celui de « qui se plie facilement ».

3. En ancien français, *talent* appartient au vocabulaire de la volonté et signifie « désir ».

4. *Esbanoiier*, « se divertir » en sortant de la vie monotone et routinière. C'est proprement « sortir du *ban*, s'écarter du fanion autour duquel se ralliait la troupe ».

5. *Sale*, c'est la *grant sale* où le comte tient sa cour, où ont lieu les réceptions et les fêtes, où sont pris les repas en commun.

6. *Avaler*, « descendre, faire descendre »; puis, par restriction sémantique, « faire descendre un aliment dans le gosier ».

7. Dans le manuscrit, on a *vent en l'estable*.

NOTES DE XXI

1. Dans le manuscrit, on lit : *aucors corset*. *Corset*, « corsage, partie ajustée du bliaut » (M. Roques). Mais, en fait, le mot est difficile à définir car il désigne trois vêtements différents : 1) robe analogue à la cotte, lacée devant et dont les manches courtes laissent passer celles de la chemise; 2) variété de robe portée sur la cotte et sous le surcot, dont les manches, tantôt amples, tantôt courtes, laissent voir celles de la cotte; 3) corsage échancré du grand surcot, coupé dans une fourrure ou un tissu différent de celui qui constitue l'ensemble du vêtement (Voir M. Beaulieu, *le Costume en Bourgogne*, Paris, P.U.F., 1956).

2. *Garisse*, « sauve ». *Garir* signifiait, en ancien français, « protéger » soit de la mort ou de la captivité (« sauver, préserver, défendre »), soit de la famine (« approvisionner »), soit de la maladie (« guérir »). C'est ce dernier sens que nous avons partout ailleurs dans *Aucassin et Nicolette* : I, XI, XVIII, XXII, XXVI, XXIX. Le passage de *a* à *é* s'explique par une fausse régression, l'*a* (pourtant étymologique) étant considéré comme vulgaire devant *r* au XVIe siècle.

NOTES DE XXII

1. Dans le manuscrit, *dehait a ore*.

2. Dans le manuscrit, *savions*.

3. *Por le cuerbé*, déformation du mot *Dé*, *Dieu*, dans un juron, analogue à celles que nous avons dans *corbleu* (par le corps de Dieu), *morbleu* (par la mort de Dieu) *palsambleu* (par le sang de Dieu)... On en trouvera d'autres dans *la Ronde des jurons* de G. Brassens.

4. *Cors* sert à former des locutions qui se substituent aux pronoms personnels : *li cors de moi*, « moi », *por lor cors aesier*, « pour se reposer », *sans le cors le conte*, « à l'exception du comte lui-même »...

5. On lit dans le manuscrit *ql les*.

6. Suchier a lu : *je ne vos canterai*, où *je* paraît une correction de *ce*.

7. Dans le manuscrit, on a *des sien*.

8. Dans le manuscrit, on a *bel enfait fait*.

NOTE DE XXIII

1. *Anble*, va l'amble. C'est l'allure du cheval qui avance en même temps les deux jambes du même côté. Cette allure était fréquente au Moyen Age, qu'il s'agît d'un destrier ou d'un palefroi; elle pouvait être très rapide comme dans notre texte, alors qu'aujourd'hui le mot évoque une allure modérée.

NOTES DE XXIV

1. Dans le manuscrit, on lit *et des gans*.

2. *Caoit*, *cheoit*, « tombait ». On employait couramment le verbe *choir* au Moyen Age; *tumber*, qui signifiait alors « faire des culbutes » « faire culbuter, renverser », n'a tendu à supplanter *choir* qu'en moyen français, au XVIᵉ siècle.

3. *Carbouclee*, à rapprocher selon M. Roques de *charbouille*, *charbucle*, « charbon des moissons, nielle », *charbouiller*, « noircir, machurer le visage » (Centre, Bourbonnais, Bresse, Dijonnais), *chabouclé*, « qui porte des taches de moisissure » (Est). Dans *la Bataille Loquifer*, le héros a le poil *carbouclé*, plus noir que l'encre.

4. *Unes*, *uns* était employé au pluriel en ancien français pour désigner une paire d'objets *(unes grandes joes)* ou une série d'objets de même sorte *(uns grans dens)*.

5. *Grandisme*, vestige du superlatif synthétique hérité du latin.

6. Le féminin de *grant* a tantôt la forme ancienne *grans*, tantôt la forme analogique *grandes*.

7. *Carbounee*, charbonnée.

8. *Housiax*, houseaux, « bottes de cuir, se laçant en partie ou d'une seule pièce » (V. Gay).

9. *Sollers*, souliers. « Les *fretes* sont des cordes enroulées autour de la jambe en s'entrecroisant » (Suchier).

10. *Afulés*, *afublés*, « couvert ». *Afubler*, qui voulait dire « mettre sur les épaules un *mantel* ou une chape ou un *blïaut* », n'était en rien ironique ou comique comme il l'est aujourd'hui.

11. La massue était au Moyen Age l'attribut des paysans, des fous et des géants.

12. Dans le manuscrit, on a *fiat cil*.

13. *Il : vos peres;* le sujet de *esteroit* est le *rice home* qui donne.

14. *Vilain*, paysan. Comme le paysan était méprisé et qu'à côté de *vilain* se trouve un autre mot *vil*, *vilain* a pris un sens péjoratif : « bas, méchant, sans noblesse ». Par la suite, trop employé, ce terme d'injure s'est affaibli.

15. *Carue*, « attelage »; *chacier (une) charrue*, « conduire des animaux ». Voir Cl. Régnier, dans les *Mélanges Frappier*, Genève, Droz, 1970, t. II, pp. 935-943 : « ... à chaque attelage était préposé un *boyer* « bouvier » chargé de tous les soins à

donner aux animaux... *(notre homme)* est le *boyer* d'un vilain qualifié à bon droit de « riche », bien qu'il possède une unique « charrue » de quatre bœufs, car les bœufs de labour coûtaient cher (Rouget est estimé vingt sous, l. 65) ».

16. *Li mellor* est le texte du manuscrit : on attend *le mellor*.

17. Roget est le nom du bœuf que le vilain Liétart ne veut pas céder à l'ours Brun dans la branche IX du *Roman de Renart*.

18. *Si le vois querant :* l'auxiliaire *aller* suivi du participe présent marquait la durée ou la répétition. Ensuite, le tour, où *aller* pouvait conserver son sens propre, ne fut souvent qu'un doublet du verbe simple.

19. *Saure, soudre,* « payer ».

20. *Keutisele* semble être ici un diminutif à valeur péjorative de *coute, colte, cueute* « matelas, couette, oreiller ». La *cueute pointe* m. à m. « coussin (ou matelas) piqué » (XL) est à l'origine de notre *courtepointe*.

21. *Plouerai, plourerai :* « pleurerai »; la première forme est une graphie de *plouerrai* (avec métathèse du premier *R*).

22. *Longaigne* est un mot très énergique : ce sont les latrines.

23. Les monnaies anglaises permettent de retrouver les rapports entres les monnaies médiévales : la *livre* vaut vingt *sous* (ou *shillings*); le *sou* vaut douze *deniers* (ou *pence*); la *maille* correspond au *demi-penny*, au demi-denier.

On peut juger de l'âpreté au gain du paysan.

24. Il s'agit bien entendu de vingt *sous*. Le contexte est assez explicite pour que l'on n'ait pas à ajouter ce nom comme l'ont fait certains éditeurs. Sur cette ellipse voir F. Lecoy (*Romania*, 1948, pp. 332-333) et M. Roques (*ibidem*, 1954, pp. 522-524).

25. Dans le manuscrit il y a une déchirure. Nous avons mis entre crochets les mots qui ont été rétablis par Suchier.

26. *Anuit mais : mais* est un intensif; de là la traduction : « pendant toute cette nuit ». Beaucoup d'adverbes ont été formés de cette manière : *ja mais* (m. à m. : « à partir de maintenant et en continuant dans l'avenir »), *des or mais, hui mais*, etc.

NOTES DE XXV

1. Cette étoile, plus brillante que les autres, appelée aussi la « belle » ou la « grosse » étoile, est la planète Vénus des astronomes, l'astre d'amour, favorable aux amants et médiateur de leur union. Elle est souvent associée à la lune. « Cette réunion des deux astres est célébrée ailleurs dans une chanson espagnole : « Que alta, que va la luna y el lucero en su compaña », dans un chant russe aussi : la lune s'éleva dans le ciel et, derrière elle, l'Etoile, sa petite sœur. Il s'agit, comme on voit, non seulement de la présence, mais du voisinage de deux astres, aussi la planète peut-elle être appelée l'amante ou l'épouse de la lune » (Cl. Brunel, dans *Romania*, 1956, pp. 510-514).

2. Dans le manuscrit, après *ole*, il y a une lettre qui peut être un *s* ou un *b*.

3. Dans le manuscrit, avant *Dix*, il y a un *que* qui rend le vers octosyllabique. Aussi le supprimons-nous.

4. Madame M.-J. Durry a traduit dans ses *Mini-notes* de la manière suivante les vers 1 à 6 :

> Etoilette, je te vois
> Que la lune tire à soi,
> M'amiette aux blonds cheveux.
> Je crois Dieu la veut avoir
> Pour que la lumière du soir
> Par elle plus belle soit rendue.

5. La déchirure du manuscrit a détruit une partie du vers 6 et les vers 7-9 pour lesquels nous adoptons les mots restitués par Suchier, que nous plaçons entre crochets.

6. Pour O. Jodogne (p. 19) et A. Pauphilet (p. 244), ce passage est bouffon.

NOTES DE XXVI

1. Mot à mot : « soyez le bien retrouvé ».

2. Le préfixe *por-*, ici, ajoute au radical l'idée de totalité : *poraler*, « courir en tous sens, chercher partout », *porprendre*, « investir, occuper ».

3. *Vaut*, *vout*, « voulut ».

NOTES DE XXVII

1. Dans le manuscrit, on a *or se can*.

2. *Metre a raison*, « adresser la parole ».

3. A. Pauphilet a traduit les vers 17-19 : « Mais quand revint le jour, ils atteignirent les plages de la mer. »

NOTES DE XXVIII

1. *Entre lui et s'amie*. Ce tour littéraire, assez fréquent en ancien français, joue le rôle soit d'un sujet *(Chanson de Roland*, 3073-3074 : *Entre Rembalt e Hamon de Galice — Les guierunt tut par chevalerie)*, soit d'une apposition qui développe le sujet (Chrétien de Troyes, *Philomena*, 7412-7413 : *Et quant il sont leanz andui — Seul antre la pucele et lui)* ou qui présente le personnage principal avec un compagnon *(Roman de Renart*, I, 490-491 : Grimbert *por Renart a la cort plaide — entre lui et Tibert le chat)*.

2. Il semble qu'il y ait ici une lacune dans le manuscrit. Les mots entre crochets ont été restitués par Suchier.

3. *Acena*, c'est notre verbe *assener* qui, en ancien français, signifiait « désigner, faire un signe », « attribuer, partager », « viser, se diriger vers, atteindre », « viser et toucher », « frapper, donner un coup violent, bien appliqué ».

4. Le texte est peu net entre *aus* et *missen* : on lit dans le manuscrit *qui le*, que nous proposons de découper ainsi : *qu'i lé*, *i* étant une forme réduite d'*il* et *lé* une graphie du pronom personnel *les*. A la ligne suivante, le *f* de *furent* est effacé.

5. *Estragne*, est encore notre *estrange*, « étrangère », par suite « lointaine », voire « étrange ».

6. *Torelore* : sans doute une onomatopée du même genre que *tirelire*, *turelure (turlurette, turlutaine, turlututu...)*. Ces formes ne sont-elles pas à rapprocher des refrains des pastourelles comme « Guios i vint qui turuluruta, valura valuru valuraine va » ou « dorenlot » ? « Ce nom d'abord, Torelore ou Turelure, ce n'est pas un nom, mais un refrain de chanson dérisoire : il implique tout ce qu'on ne croit pas, qu'on ne prend pas au sérieux : ce nom très fantaisiste est en réalité fort raisonnablement choisi » (A. Pauphilet, p. 244).

7. Dans le manuscrit, on lit *cest* et au-dessus *ot*.

8. *Gesir* en ancien français signifiait aussi bien « être couché » que « être en couches, accoucher ».

9. *Ost*, « armée ».

10. Dans le manuscrit, on a *vint e le canbre*.

NOTES DE XXIX

1. Aux vers 4 et 8, l'auteur continue à jouer sur le double sens de *gesir*.

2. *Que* : ce que.

3. *Sarai*, serai. *Sarai* est aussi le futur du verbe *savoir*. On remarquera que l'auteur emploie au futur du verbe *être* : 1) des formes issues du latin classique *ero*, *eris*, *erit*..., soit diphtonguées : *iert* (XIV, XVII, XVIII, XX), soit non diphtonguées : *ere* (II, XXII), *ert* (XIV, XVIII); 2) des formes issues de * *esserayo*, avec aphérèse de *es-*, encore employées en français moderne : *serai* (V), *sera* (VI, XVII, XIX, XXIX), *serés* (XXII), ou, avec un *a*, *sarai* (XXIX), *sarés* (X); 3) des formes refaites sur l'infinitif : *esteroie* (XXVI), *esteroit* (XXIV).

4. *Le messe*, la messe des relevailles par laquelle une accouchée venait remercier Dieu.

5. Le texte en fin de vers a été rétabli par Gaston Paris.

6. *Esbaudir*, « donner de la joie ou du courage ou de la vigueur »; *s'esbaudir*, « être hardi ou joyeux ». *S'ébaudir* aujourd'hui est un terme désuet à coloration humoristique.

7. Sur ce thème de la couvade — l'homme simule la féminité — voir en particulier J. Vendryès, *la Couvade chez les Scythes*

(*Comptes rendus des séances de l'Académie des Inscriptions*, 1934, pp. 329-339), G. Cohen, *Une Curieuse et vieille coutume folklorique*, « la Couvade » dans *Studi Medievali*, t. XVII, 1951, pp. 114-123, et le livre tout récent de Bruno Bettelheim, *les Blessures symboliques*, Paris, Gallimard, 1971.

NOTES DE XXX

1. Dans le manuscrit, on a *faboient*.

2. *Dervé*, forme picarde de *desvé. Derver* signifiait « devenir fou », « rendre fou »; dans *le Chevalier au lion* de Chrétien de Troyes, il est question d'un *desvé* (629) qu'il convient de présenter lié devant les grilles du chœur, afin qu'il puisse être exorcisé; l'un des personnages du *Jeu de la Feuillée* d'Adam de la Halle est un *dervé* qui se livre à toutes sortes de violences et d'excentricités. Le mot est à rapprocher de *rêver (resver)* qui signifiait en ancien français « rôder », « délirer » et qui, ensuite, s'est substitué à *songer* pour désigner les visions du sommeil, et du désuet *endêver* dans la locution *faire endêver*, « faire enrager ». *Dervé* désigne souvent un fou furieux, comme c'est le cas ici.

3. *Gerra*, futur du verbe *gésir*.

4. *Remest*, 3e personne du passé simple de l'indicatif du verbe *remanoir*, « rester ».

Es canbres la roine : à cette occasion, on remarquera les constructions diverses du complément de nom en ancien français, sans préposition comme ici (ou encore *le fix le conte*, XXIV, *le cors le conte*, XXII), ou avec *à (*un peu plus haut, *fix a putain*) ou avec *de* (plus loin, *la bataille de poms...)*

5. *Waumonés*, « blet, pourri ». Ce mot existe encore dans des parlers de l'Est de la France (cf. M. Roques, éd. d'*Aucassin et Nicolette*, pp. 104-105).

6. *Durement*, adverbe intensif, devenu un mot favori de l'époque. Ailleurs (XIV, XXIV) ce mot garde son sens de « rudement ». Il s'est produit la même évolution sémantique avec *rudement* (comparons : *tomber rudement, traiter rudement* et *rudement beau)*, *terrible, formidable...*

NOTES DE XXXI

1. Dans le manuscrit, *or se cant.*

2. *Canpel :* il y a sans doute un jeu de mots, puisqu'il existait des locutions épiques, *bataille campel* ou *estor campel* qui désignaient une grande bataille en rase campagne, et que, d'autre part, dans ce contexte, au contact de *canpegneus*, « champignons », *campel* garde son sens de « champêtre ».

3. *Aportés :* l'*s* du participe passé nous rappelle que celui-ci était à l'origine, dans le passé composé, un attribut du complément d'objet ; *il avoient aportés des fromages...* « ils avaient des fromages (qu'ils avaient) apportés... »

NOTES DE XXXII

1. On remarque que l'adverbe d'affirmation est d'abord *oïl* (qui a donné notre *oui*), puis *oie.* Il était composé de l'adverbe *o* suivi d'un pronom qui changeait selon les besoins du discours : *oïl* est composé de *o* et de *il*, soit 3ᵉ personne du singulier, (XXVIII), soit 3ᵉ personne du pluriel (dans notre passage) ; *oie* comporte *o* et *ie (je)*, ainsi dans les morceaux X, XXIV, XXXII et XL. Avec la première personne du pluriel, l'auteur emploie *oïl* (XVIII, XXII). *Nenil* (X, XXIV) est composé de *nen* (non) et *il :* il est à l'origine de *nenni.*

2. *En*, forme de *enne* (X, XXII), *ene* (X) qui, formé de *et* et de *ne*, est un interrogatif que l'on emploie lorsqu'on attend une réponse affirmative.

3. *Aucassins*, complément d'objet, a une forme de cas sujet.

NOTES DE XXXIII

1. En croyant que je vais accepter un tel parti.

2. *Grasse et mole :* M. Roques parle de « la finesse dodue des jeunes corps ».

3. Voir *le Roman de la Rose*, 2665-2666 : « Mout sui, fet ele, a bone escole — qui de mon ami me parole. » *Escole* signifie, dans ces emplois, « façon, comportement, manière » ; *estre a bone escole :* être heureux.

4. *Baus*, cas sujet de *bal*, « danse, réjouissance ».

5. *Tresce, tresche*, « farandole ». Evoquée à plusieurs reprises soit dans le *Jeu de Robin et Marion*, soit dans les pastourelles, elle est conduite tantôt par un berger, tantôt par une bergère.

6. *Carole*, « danse au son des chansons » (L. Foulet).

7. *Harpe :* avec la vièle, l'un des instruments favoris des jongleurs. Cette harpe, à trente cordes, est plus petite que celle que nous connaissons aujourd'hui : dans de nombreuses illustrations du psautier, on voit le roi David accorder une harpe qu'il tient contre sa poitrine, appuyée sur un genou. La harpe, dont les jongleurs se servaient au cours de leurs déplacements, était plus petite encore.

Gigle, petit violon.

Viole, gros violon.

8. *Nimpole*, « sorte de jeu de tables, comparable au jeu de dames ou au tric-trac ».

NOTES DE XXXIV

1. *Estores*, flotte. « D'une façon générale, *estore* désigne, outre les vaisseaux, l'ensemble, à la fois matériel et moral, des hommes et des choses. *Estore* a donc un sens nettement plus abstrait que *navie* et correspond, dans une certaine mesure, à notre mot *expédition* » (G. Gougenheim, *Etudes de grammaire et de vocabulaire français*, Paris, Picard, 1970, p. 314).

2. *Loierent*, « lièrent ».

3. La plupart de nos prédécesseurs ont remplacé *Aucassin* par *Nicolette*. Nous conservons le texte du manuscrit et faisons de *le* un pronom personnel féminin représentant *Nicolette*.

4. *Que*, conjonction, « en sorte que ».

5. *Nés*, cas sujet de *nef*, qui semble bien être ici un terme général désignant toute sorte de bateau. En revanche, dans les chroniques de Villehardouin et Clari, « les nefs servent essentiellement de transports » (Gougenheim, *op. cit.*, p. 311).

6. *Waucrer :* « la nuance précise est celle d'une embarcation, poussée par le vent et une grosse mer, incapable de maintenir une route droite et allant tantôt d'un côté, tantôt d'un autre » (L. Foulet).

7. *Lagan*, épave; droit qui autorisait le seigneur de tout territoire maritime à se saisir des choses apportées par la mer ou échouées sur les côtes. Ce droit fut aboli par Philippe Auguste en 1191.

8. *Mes*, participe passé de *manoir*, rester.
U, en le.

9. Ils devinrent tous ses *hommes*, c'est-à-dire ses vassaux, par la double cérémonie de l'hommage et de la foi (Voir notre *Cours sur la Chanson de Roland*, pp. 156-161).

NOTES DE XXXV

1. *Regné :* « royaume, comté, fief ».

2. Dans le manuscrit, nous lisons *qui il li poise*.

3. N'est-il pas curieux qu'Aucassin ne recherche pas Nicolette ? Selon Bourdillon, Aucassin, mûri et devenu un homme de devoir, ne peut négliger ses charges de comte de Beaucaire. Pour M. Lot-Borodine, « la passion d'un amant, après trois années de bonheur complet, est moins violente, moins impétueuse qu'à la veille du premier baiser ». En fait, il semble évident que le conteur tient surtout à laisser le premier rang, en tout, à Nicolette, à la fois pour parfaire son hymne à la femme et pour continuer à prendre le contre-pied des traditions romanesques.

NOTES DE XXXVI

1. Dans le manuscrit, il n'y a qu'un seul *estoit*.

2. Suchier a introduit *parage* (d'après III, 12, etc.) plutôt que *lignage* (XXXII, 19).

3. *Pree*, pour *preée*, du verbe *preer*, « saccager, enlever, piller ».

4. *Nagierent*, passé simple du verbe *nagier*. Ce verbe, issu du latin *navigare*, a signifié jusqu'au XVIe siècle, « aller en bateau », et quelquefois a le sens de « ramer » qui s'est conservé dans quelques locutions modernes, comme *nager sec*, *nager de long*. Pourquoi, aujourd'hui, *nager* signifie-t-il « se soutenir dans l'eau » ? Parce que le verbe qui exprimait cette idée en ancien français, *noer*, *nouer*, était en collision homonymique avec *noer*, *nouer* « faire un nœud ». Pour éviter une équivoque, on a eu tendance, dès le XVe siècle à remplacer *nouer* par *nager* qui, dès lors, avait deux sens : 1) « naviguer »; 2) « se soutenir sur l'eau ». Aussi, pour le premier sens, on a emprunté au latin *naviguer*, concurrencé d'abord par la forme *naviger*.

5. *Norie*, *nourrie*, « élevée ».

NOTES DE XXXVII

1. *Astages*, *estages*, c'est notre *étage* qui signifiait d'abord en ancien français, « demeure, séjour, état ».

2. *Mar*, suivi du passé simple, signifie : « c'est pour mon malheur que... »; suivi d'un futur, il a le sens de « c'est à tort que... ».

3. A. Pauphilet (p. 241) : « ... Nicolette se découvrira finalement la fille d'un très grand seigneur étranger, un des rois sarrasins dont le nom a formé chez nous un dicton populaire de richesse et de puissance inestimables, un de ces superlatifs absolus que chaque génération se fait : le Grand Turc, Rothschild et ses fortunes. Il est infiniment probable que c'est cette locution proverbiale qui a imposé pour père à Nicolette le roi de Carthage ». On trouve la même expression dans Conon de Béthune, éd. A. Wallensköld, C.F.M.A., X, 44 : *Si vos estiés fille au Roi de Cartaige*...

4. *Amuaffle* est une des nombreuses formes qui, en ancien français, désignent un chef sarrasin, à côté d'*amirail*, *amiral*, *amiré*, *amirant*, *amiragon*, *amirafle*, *amurafle*, *amustant*, *amuable*...

5. *Travaillent*, « torturent, tourmentent ». Le verbe ne prendra le sens moderne qu'au XVIe siècle, pour remplacer *ouvrer*, que nous avons encore dans des expressions comme du *fer ouvré*, un *jour ouvrable* (c'est-à-dire « un jour où l'on travaille »), qui appartenait à la même famille qu'*ouvrier* et qui fut victime de la collision avec *ouvrir*.

6. *Brace*, terme collectif, « les deux bras ».

NOTES DE XXXVIII

1. O. Jodogne (p. 63) : « L'auteur d'*Aucassin et Nicolette* se refuse à la technique des romans idylliques : un enfant abandonné se fait reconnaître soit par une pièce d'étoffe dont on l'a enveloppé lors de son malheur, soit par une cicatrice. Ce procédé est bien connu et de nous et des lecteurs des xiie et xiiie siècles. Avec désinvolture, on le néglige ici, on méprise ce truc. »

2. *Engien*, c'est notre mot *engin*, qui signifia d'abord « intelligence, talent ». Puis le mot, se dépréciant, a pris le sens de « ruse ». D'autre part, il a pu désigner le produit concret de l'intelligence, tant des machines de guerre que des pièges pour la chasse et la pêche.

3. *Viele*, instrument qui accompagne la récitation poétique et la déclamation modulée. « La vièle est un peu plus grande qu'un violon moderne, sa caisse est allongée, peu échancrée, sa table est percée d'ouïes en C, son manche se termine par un chevillier plat; elle est montée de cinq cordes dont une hors manche... Elle paraît être l'ancêtre à la fois de la viole et de la lyre à bras du xvie siècle. Son archet courbe favorise le jeu en double ou triple corde » (J. Ricci).

4. *Oinst*, passé simple du verbe *oindre*.

5. *Cote*, vêtement de dessous, commun aux hommes et aux femmes, avec des manches. La cotte féminine, robe de dessous ou d'intérieur, « qui recouvrait une chemise décolletée et à manches longues jusqu'aux poignets, s'ajustait sur le buste... jusqu'au dessous des hanches. Cette partie ajustée s'ouvrait et se laçait dans toute sa longueur, généralement par-devant, quelquefois sur le côté ou par-derrière. A partir du dessous des hanches, la cotte s'évasait de manière à tomber en plis jusqu'aux pieds... Les manches de la cotte simple, étroites et presque collantes, furent le plus souvent écourtées, ne couvrant que le haut du bras » (Harmand, *Jeanne d'Arc, ses costumes, son armure*, Paris, 1929). Le *Bliaut* est plus élégant que la cotte. Voir aussi C. Enlart, *Manuel d'archéologie française*, t. III, p. 43.

6. *Braies*, culotte ample.
Autres exemples de femmes déguisées en jongleur et chantant leur propre histoire : Josiane, dans *Beuve de Hanstone*, Maugalie, dans *Floovant*, Marthe, l'amante d'Ysaïe le Triste...
Avec Ph. Ménard (p. 346) : « On notera qu'il s'agit ici d'une femme — première singularité — que l'héroïne se noircit le visage, alors qu'elle est de race païenne et que, pour retrouver sa blancheur naturelle, elle use d'une herbe qui *avoit non esclaire* (xl, 34)... »

7. *Marounier, marinier*, « marin ». Le sens moderne, « qui conduit un bateau sur une rivière », ne date que du xvie siècle.

NOTES DE XXXIX

1. Le perron, au Moyen Age, était soit une plate-forme à laquelle on accédait par deux ou trois marches, soit une grosse pierre permettant aux cavaliers de monter à cheval ou de descendre de leur monture, soit un banc de pierre.

2. *Es vous*, adverbe présentatif suivi d'un datif d'intérêt, « voici » (Voir, sur ce tour, notre *Cours sur la chanson de Roland*, pp. 179-181).

3. *Son*, d'abord « air de musique », puis « air et paroles d'une chanson, chanson ».

4. *Felon*, mot du vocabulaire épique, « traître », puis « cruel, méchant ».

5. *Dansellon*, diminutif de *dansel*, *danzel*, forme réduite de *damoisel*, *damoisiaus*, « jeune seigneur, jeune homme ». Le féminin correspondant est *danzelle*. *Donzelle*, employée aujourd'hui avec mépris, est une forme de l'ancien provençal.

6. *Non* manque dans le manuscrit à la fin du vers.

7. *Ameor* est la forme de cas régime du nom *amerre*, « amant, qui aime d'amour ».

NOTES DE XL

1. *Nient*, bien qu'originellement de sens négatif, peut, employé sans négation, devenir positif : « quelque chose ».

2. Dans le manuscrit, nous lisons, après *seut*, *bm*.

3. Dans le manuscrit, on a *se herga* (ou plutôt *h'ga*).

4. *Esclaire*, sans doute la plante qui éclaircit le teint de Nicolette, encore que ce soit le nom de la chélidoine qui jaunit ce qu'elle touche et passait pour guérir les verrues. Littré distingue *la grande éclaire*, la chélidoine des botanistes, et *la petite éclaire*, la renoncule ficaire. On retrouve l'*éclaire* dans *Notre-Dame de Paris* (éd. M. F. Guyard, *Classiques Garnier*, 1961, p. 100) : « ... c'était un malingreux qui préparait avec de l'éclaire et du sang de bœuf *sa jambe de Dieu du lendemain* ».

TABLE DES MATIÈRES

GF – TEXTE INTÉGRAL – GF

97/03/57640-III-1997 – Impr. MAURY Eurolivres SA, 45300 Manchecourt.
Nº d'édition FG026114. – Avril 1984. – Printed in France.